Schriftsteller werden

Für zwei Josephinen

Dorothea Brande

Schriftsteller werden

Der Klassiker
über das Schreiben und
die Entwicklung zum
Schriftsteller

Aus dem Amerikanischen von
Kirsten Richers

Autorenhaus ■ Verlag

Die Deutsche Bibliothek – CIP-Einheitsaufnahme
Ein Titeldatensatz für diese Publikation ist bei
Der Deutschen Bibliothek erhältlich.

Bitte besuchen Sie die
aktuelle News-Seite für Autoren:
www.AutorInnen.de

Zweite Auflage 2002
ISBN 3-932909-78-X

Den Pegasus zeichnete Ralf Alexander Fichtner.
Cover-Design, Layout und Satz: Sigrid Pomaska

Die amerikanische Originalausgabe erschien zuerst 1934.
Die deutsche Erstausgabe erschien 2001.
©1934 by Harcourt Brace & Company
1961 by Gilbert I. Collins and Justin Brande
Published by Arrangement with Jeremy P. Tarcher,
A Member of Penguin Putnam, Inc., New York.

© 2001 Autorenhaus-Verlag
Karmeliterweg 116, 13465 Berlin

Nachdruck, auch auszugsweise, nur mit schriftlicher Genehmigung
des Verlags, die Verwendung in anderen Medien oder in Seminaren,
Vorträgen etc. ist verboten.

Umwelthinweis:
Dieses Buch wurde auf chlor- und säurefreiem Papier gedruckt.
Printed in Germany

Inhalt

Warum dieses Buch einzigartig ist 9

Eins · Vier Arten der Schreibblockade 13
Von der Schwierigkeit, überhaupt zu schreiben ·
Der Einzelbuchautor · Der Gelegenheitsschreiber ·
Der uneinheitliche Schreiber · Die Schwierigkeiten
liegen nicht im handwerklichen Können

Zwei · Wie sind Schriftsteller eigentlich? 21
Wie Sie sich zum Schriftsteller entwickeln · Echte und
unechte Künstler · Die zwei Seiten des Schriftstellers ·
Spaltung ist nicht immer Ausdruck einer kranken Psyche ·
Alltägliche Beispiele für Persönlichkeitsspaltung ·
Im Sumpfe der Mutlosigkeit

Drei · Die Vorzüge der Dualität 29
Wie entsteht eine Erzählung? · Das Naturtalent ·
Unbewusstes und Bewusstes · Die zwei Persönlichkeiten
des Schriftstellers · Die durchsichtige Trennwand ·
Bewahren Sie Stillschweigen · Ihr bester Freund und
schärfster Kritiker · Neue Kraft tanken ·
Freunde und Bücher · Der selbstherrliche Intellekt ·
Friedliche Koexistenz · Erste Übung

Vier · Kurzes Interludium: Ratschläge 43
Kräfte sparen · Vorstellungskraft statt Wille · Wie man
sich von alten Gewohnheiten trennt · Gedanken werden
sichtbar · Die richtige Grundhaltung

Fünf · Wie man das Unbewusste lenkt 49
Tagträume · Mühelos schreiben · Verdoppeln Sie Ihr
Arbeitspensum

Sechs · Feste Arbeitszeiten 55
Rahmenbedingungen · Sie haben Ihr Ehrenwort! ·
Die Übung wird ausgedehnt · Wenn Sie hier scheitern,
dann lassen Sie es ganz

Sieben · Erste Bestandsaufnahme 59
Lesen Sie Ihre Texte kritisch · Die Fallstricke des
Plagiats · Entdecken Sie, wo Ihre eigene Stärke liegt ·
Wenn Sie selbst unterrichten

Acht · Kritische Betrachtung der eigenen Arbeit 65
Der kritische Dialog · Bleiben Sie konkret · Nach
kritischer Betrachtung: Die Korrektur · Was wirkt sich
günstig aus? · Selbstauferlegte Regeln

Neun · Mit den Augen eines Schriftstellers lesen 73
Lesen Sie zweimal · Allgemeine Beurteilung und Detail-
analyse · Die zweite Lektüre · Wichtige Aspekte

Zehn · Was das Nachahmen anderer Autoren angeht 79
Das Nachahmen handwerklicher Meisterleistungen ·
Der Einsatz von Wörtern · Keine Eintönigkeit! ·
Erweitern Sie Ihren Wortschatz

Elf · Wieder richtig sehen lernen 83
Gewohnheit macht blind · Ursachen für Wiederholungen ·
Wie die Augen ihre Unschuld wiedererlangen · Der Fremde
auf der Straße · Der Lohn der Tugend

Zwölf · Die Quelle der Originalität 91
Das schwer Greifbare · Originalität statt Imitation ·
Das überraschende Ende · Aufrichtigkeit ist die Quelle
der Originalität · Vertrauen Sie sich selbst · Deine
Wut und meine Wut · Eine Geschichte, viele Versionen ·
Ihre Unverwechselbarkeit · Kleiner Fragebogen

Dreizehn · Freizeitgestaltung 101
Freizeit? · Erholung von der Sprache · Finden Sie heraus,
was Sie inspiriert · Stille Tätigkeiten

Vierzehn · Eine Übungsgeschichte 105
Noch einmal zur Erinnerung... · Stil ist ansteckend ·
Finden Sie Ihren eigenen Stil · Die Embryonalphase · Die
Vorbereitungsphase · Haben Sie Vertrauen - Sie machen das
schon! · Das fertige Übungsstück · Sich innerlich
distanzieren · Das kritische Lektorat

Fünfzehn · Die große Entdeckung 113
Die Wurzel des Genialen · Unbewusst, nicht unter-
bewusst · Die höhere Imagination · Freunden Sie sich
mit Ihrem Unbewussten an · Das künstlerische Koma
und die Zauberformel

Sechzehn · Das Geniale 119
Die geheimnisvolle Instanz · Wie man das Geniale
in sich entfesselt · Rhythmus, Monotonie und Stille ·
Böden schrubben

Siebzehn · Das große Geheimnis 125
Wie man den Geist zur Ruhe bringt · Lernen, sich zu
kontrollieren · Das Thema der Erzählung wird zum Objekt
der Betrachtung · Wie man die Zauberformel anwendet ·
Wie man sich absichtlich ins künstlerische Koma versetzt ·
Als Künstler arbeiten

Zum Schluss noch ein paar hilfreiche Tipps 131

Warum dieses Buch einzigartig ist

Einen Großteil meines Lebens habe ich Belletristik geschrieben, überarbeitet und beurteilt. Ich bin überzeugt, dass das Schreiben von erzählender Literatur wichtig ist: Romane und Kurzgeschichten haben große Bedeutung in unserer Gesellschaft. Literatur ist für viele Leser die Quelle ihrer Weltanschauung – sie setzt ethische, soziale und materielle Normen. Sie bestätigt die Vorurteile des Lesers, oder sie öffnet seinen Geist und erweitert seine Welt. Man kann die Wirkung eines vielgelesenen Buches nicht hoch genug einschätzen: Ist es effekthascherisch, billig oder vulgär, macht es unser Leben ärmer. Wenn es – und das ist sehr selten der Fall – ein durch und durch gutes Buch ist, vom Autor ehrlich empfangen und ehrlich geboren, dann verdient er unsere Dankbarkeit.

Das Medium Film hat übrigens die Literatur in dieser Hinsicht keineswegs unterlaufen. Ganz im Gegenteil: Der Film vergrößert ihr Wirkungsfeld, indem er Ideen, die Buchlesern bereits bekannt sind, an jene heranträgt, die zum Lesen zu jung oder zu ungeduldig sind oder nicht über die erforderliche Bildung verfügen.

Während meiner Entwicklung zur Autorin – und ich gestehe, noch lange danach – habe ich jedes Lehrbuch über die Techniken des Schreibens, die Konstruktion einer Handlung oder die Entwicklung von Figuren gelesen, das ich bekommen konnte und ich habe Lehrern verschiedener Denkrichtungen zu Füßen gesessen: Ich habe einem Neo-Freudianer zugehört, der die Hintergründe für das Schreiben von Dichtung analysierte. Ich habe mich einem Enthusiasten ausgeliefert, der die Theorie der Persönlichkeitsbestimmung nach unterschiedlichen Drüsentypen als eine unerschöpfliche Quelle für Schriftsteller auf der Suche nach Charakteren sah. Ich unterzog mich den Instruktionen eines Diagrammzeichners und denen eines Lehrers, der mit einer Synopse anfing, die er dann langsam zu einer vollständigen Story aufpumpte. Ich habe in einer »Literatenkolonie« gelebt und mich mit praktizierenden Schreibern unterhalten, die ihre Berufung mal als Handwerk, mal als Gewerbe und – eher verschämt – auch als Kunst bezeichneten. Kurz, ich habe aus erster Hand Erfahrungen mit nahezu jeder Lösungsmöglichkeit für die Probleme des Schreibens gesammelt, und meine Regale quellen über von Werken weiterer Lehrer, denen ich nicht persönlich begegnet bin.

Jahre nachdem ich als Lektorin für Verlage und ein überregionales Magazin gearbeitet, selbst Artikel, Storys, Buchbesprechungen und Kritiken geschrieben und mit Redakteuren und Autoren jeden Alters Gespräche über ihre Arbeit geführt hatte – begann ich, selbst ein Schreibseminar zu leiten. Am Abend meiner ersten Vorlesung lag mir nichts ferner, als vorhandene theorielastige Konzepte zum Thema zu vertiefen. Obwohl mich die meisten Bücher und viele Kurse ziemlich enttäuscht hatten, wurde mir der wahre Grund meiner Unzufriedenheit erst klar, als ich selbst Kreatives Schreiben lehrte. Ich erkannte, dass die Probleme vieler Schüler oder Amateurschriftsteller schon früher beginnen, bevor ihre schriftstellerische Arbeit von praktischer Unterweisung profitieren kann. Bewusst ist ihnen das allerdings nicht. Wären sie in der Lage die Ursachen dafür selbst zu entdecken, würde man sie wahrscheinlich nicht als Schüler in einem Kurs antreffen.

Sie haben eine vage Vorstellung davon, dass es erfolgreichen Schriftstellern irgendwie gelungen sein müsse, jene Hürden zu nehmen, die ihnen selbst nahezu unüberwindlich erscheinen. Sie glauben, anerkannte Autoren verfügten über eine Art Zauberformel oder etwas wie ein Berufsgeheimnis, das sie ihnen vielleicht abluchsen könnten, wenn sie nur wachsam und geduldig auf der Lauer lägen. Sie vermuten, der Dozent kenne diese Zauberformel, und vielleicht würde er ja hier und da ein Wort darüber fallen lassen. Sie warten auf den Beweis für die Existenz dieses »Sesam öffne dich«. In der Hoffnung, die magischen Worte zu vernehmen und einzufangen, durchwachen sie brav wie Hündchen eine ganze Reihe von Seminaren über verschiedene Gattungen von Erzählungen, über Handlungsaufbau und technische Probleme, die keinerlei Bezug zu ihrem eigentlichen Dilemma haben. Sie kaufen oder leihen sich jedes Buch, in dessen Titel das Wort *Kreatives Schreiben* auftaucht, sie lesen jedes Sammelwerk, in dem Autoren über ihre Arbeitsmethoden berichten.

In fast allen Fällen werden sie enttäuscht: Schon in der Einführung, schon auf den ersten Seiten des Buches, nach einem oder zwei Sätzen, wird ihnen kurz und knapp deutlich gemacht, dass »Genie nicht gelehrt werden kann«. Und schon verglüht ihr Hoffnungsfunke. Denn ob es ihnen bewusst ist oder nicht: Sie suchen nach genau dem, was man ihnen ausreden will. Sie sollen das heimliche Bedürfnis, ihr Bild von der Welt in Worte zu fassen, niemals als »Genius« bezeichnen dürfen. Sie sollen es bloß nicht wagen, sich auch nur für eine Sekunde mit in die Reihe der Unsterblichen des schreibenden Standes zu stellen. Nein, die Zugangsverweigerung »Genie kann nicht vermittelt werden«, von der die meisten Lehrer und Autoren glauben, man könne sie nicht früh und deutlich genug aussprechen, versetzt der Hoffnung des Schülers den Todesstoß. Er hatte sich so sehr gewünscht zu hören, dass dem Schreiben tatsächlich eine Zauberformel zugrunde läge, und dass es so etwas wie einen Initiationsritus gäbe, bei dem man ihn in den Kreis der Autoren aufnähme.

Dieses Buch ist einzigartig, denn ich glaube, der Schüler hat Recht – eine solche Zauberformel gibt es tatsächlich und man kann sie auch vermitteln. Dieses Buch wird sich also mit dem Geheimnis des literarischen Schreibens befassen.

~ Eins ~

Vier Arten
der Schreibblockade

Hinter dem Schreiben verbirgt sich wirklich so etwas wie eine Zauberformel. Viele Autoren sind ihr durch einen glücklichen Zufall begegnet oder sie haben sie sich selbst erarbeitet. Aber sie lässt sich auch lehren. Um sie zu begreifen, müssen Sie sich dem Problem diesmal durch den Hintereingang nähern: Und zwar indem Sie sich zunächst mit den größten Hürden, auf die Sie stoßen werden, vertraut machen und sich danach mit einfachen - allerdings mit eiserner Selbstdisziplin zu erledigenden - Übungen beschäftigen, die Ihnen helfen, sie zu überwinden. Am Ende sollten Sie soviel Vertrauen oder Neugier aufbringen, einen ungewöhnlichen Rat anzunehmen, der sich von allem, wozu man Sie bisher in Kursen oder Lehrbüchern angehalten hat, unterscheidet.

Abgesehen davon, dass ich behaupte, es gäbe ein Berufsgeheimnis der schreibenden Zunft, werde ich mich auch in anderer Weise von den üblichen Handbüchern für Debüt-Autoren unterscheiden: Schlagen Sie solche Bücher eins nach dem anderen auf, und Sie werden schon ziemlich am Anfang ein paar entmutigende Absätze finden, die Ihnen suggerieren, Sie seien möglicherweise nicht zum Schreiben geboren, Ihnen mangele es wahrscheinlich an Geschmack, Urteilsvermögen und Phantasie, und Sie hätten wahrscheinlich auch sonst keine Spur von jenen besonderen Fähigkeiten, die nötig sind, um aus einem Aspiranten einen Künstler oder auch nur einen einigermaßen passablen Handwerker zu machen. Möglicherweise kriegen Sie zu hören, bei Ihren Schreibgelüsten handele es sich nur um einen Ausdruck von frühkindlichem Exhibitionismus. Oder man bringt Ihnen schonend bei, dass Ihre Freunde Sie vielleicht für einen begnadeten Schreiber halten mögen (als ob die das je tun würden!), was Sie keineswegs zu der Schlussfolgerung verleiten sollte, die ganze Welt müsse nun dieselbe rosarote Brille tragen.

Die Gründe für solch pessimistische Attitüde jungen Schriftstellern gegenüber sind mir unbegreiflich. Bücher, die sich an Malschüler richten, suggerieren dem Leser nicht, dass aus ihm wahrscheinlich nie mehr als ein eingebildeter Klecker wird, und in Lehrbüchern für angehende Ingenieure steht in der Einleitung ebenfalls kein Warnhinweis wie: »Glauben Sie bloß nicht, Sie hätten Aussichten, ein ehrenvolles Mitglied dieser Zunft zu werden, nur weil Sie schon mal aus zwei Gummis und einem Streichholz einen Grashüpfer zusammengebastelt haben.«

Mag sein, dass die häufigere Form des Selbstbetrugs die der Selbstüberschätzung ist, was das Schreiben angeht. Nach meinen eigenen Erfahrungen gibt es kein anderes Gebiet, auf dem jemand, der ernsthaft lernen möchte gute Arbeit zu leisten, so schnell so weit vorankommt. Also richtet sich mein Buch an all jene, die ernsthaft an die Sache herangehen – im Vertrauen auf ihren gesunden Menschenverstand und ihre Intelligenz. Ich möchte, dass Sie alles Wissenswerte über die Struktur von Sätzen und Absätzen lernen. Ich möchte, dass Ihnen als angehendem Schriftsteller die Verpflichtung gegenüber dem Leser klar ist, von Anfang an das Beste zu geben. Ich möchte außerdem, dass Sie die Meister der Prosa studieren. Und schließlich möchte ich, dass Sie hohe Ansprüche an sich selbst stellen und unermüdlich versuchen, sie zu erreichen.

Möglich, dass ich einfach das Glück hatte, mehr Schreibende kennen zu lernen, auf die all das zutraf, als solche, die sich mit dümmlichem Gekritzel ins Reich der Buchstaben verirrt hatten. Aber traurigerweise sind mir durchaus eine ganze Reihe sensibler junger Männer und Frauen begegnet, denen man beinahe mit Erfolg eingeredet hatte, dass sie zum Schreiben völlig untauglich seien (weil sie auf eines der Hindernisse gestoßen waren, auf die wir gleich näher eingehen werden). Bei einigen von ihnen war das Verlangen zu schreiben, stark genug, um sich über diese Demütigungen hinwegzusetzen. Andere hingegen waren in ein Leben ohne schöpferische Erfüllung zurückgeworfen worden, waren unglücklich, enttäuscht und rastlos. Ich hoffe, dass es mir mit diesem Buch gelingen wird, einige jener Menschen, die schwanken und kurz vor der Kapitulation stehen, doch noch zu einer anderen Entscheidung zu überreden.

Meiner Erfahrung nach gibt es vier Hindernisse, die immer wieder auftauchen. Mein Rat dazu ist viel häufiger gefragt, als meine Hilfe beim Aufbau einer Erzählung oder beim Entwurf von Figuren. Vermutlich werden an jeden Dozenten dieselben Anliegen herangetragen. Da aber die wenigsten dieser Lehrer selbst Schriftsteller sind, schätze ich, dass sie sich für nicht zuständig erklären oder die Fragen als Beweis für die mangelnde Eignung des geplagten Schülers ansehen. Doch sind es gerade die begabtesten Schüler, die an diesen Hemmnissen kranken, und je empfindsamer sie sind, desto bedrohlicher erscheinen sie ihnen. Ein Zeitungsvolontär oder Fließbandschreiber bittet selten um Hilfe. Er ist viel zu sehr damit beschäftigt, hinter Agenten und Redakteuren herzuspringen, während sein ernsthafterer Mitstreiter ob seiner Unzulänglichkeiten Höllenqualen durchsteht. Trotzdem richten sich die meisten Schreibseminare eher an den Texthandwerker während das, was dem Künstler Kopfzerbrechen bereitet, fortgeschoben oder übersehen wird.

Von der Schwierigkeit, überhaupt zu schreiben

Zunächst einmal ist es schwer, *überhaupt* zu schreiben. Der unversiegbare Gedankenfluss, der erforderlich ist, wenn der Name eines Schriftsteller je bekannt werden soll, will einfach nicht in Gang kommen. Die Schlussfolgerung, jemand, der nicht mit Leichtigkeit schreiben kann, habe seinen Beruf verfehlt, ist schlicht und einfach Unsinn. Für solcherlei Schreibhemmungen gibt es Dutzende von Gründen, die ein Dozent ausgeschlossen haben sollte, bevor er zu Recht behaupten darf, ein Schüler sei ein hoffnungsloser Fall.

Vielleicht ist der Schüler noch sehr jung oder bescheiden. Manchmal hemmt zu große Schüchternheit den Schreibfluss. Oft stehen falsche Vorstellungen vom Schreiben oder ein Wirrwarr von Bedenken im Weg: Der Anfänger wartet vielleicht auf das göttliche Feuer, von dem er gehört hat, man könne es sofort als solches erkennen, wenn es erst einmal in einem brennt, und von dem er annimmt, es könne nur von einem zufälligen himmlischen Funken entzündet werden. Dabei muss man besonders beachten, dass diese Schwierigkeiten auftreten, bevor Probleme wie Aufbau oder Handlung überhaupt zur Debatte stehen, und dass sich jede technische Unterweisung wahrscheinlich erübrigt, wenn dem Schüler nicht über solche Hürden hinweggeholfen wird.

Der Einzelbuchautor

Zweitens, und viel häufiger, als man denkt, gibt es den Schriftsteller, der in jungen Jahren ein erfolgreiches Werk geschrieben hat, der aber nicht in der Lage ist, diese Leistung zu wiederholen. Auch dafür gibt es eine verallgemeinernde Erklärung, die immer gerne hervorgekramt wird, wenn das Problem auftaucht:

Dieser Typus, so wird uns versichert, ist ein Einzelbuchautor. Er hat ein Stück seiner eigenen Geschichte erzählt, sich dabei von seinem Hass auf seine Eltern und auf sein Umfeld befreit, und hat jetzt, da er befreit ist, keine Kraft mehr, die Glanzleistung zu wiederholen.

Aber offensichtlich sieht er sich selbst nicht als Einzelbuchautor – sonst würden wir ihm nicht mehr in Seminaren begegnen. Außerdem ist Prosa-Literatur, zumindest in dem hier angesprochenen Sinne, immer autobiographisch.

Dennoch gibt es unter den Autoren Glückliche, denen es durch immer wieder neues Gestalten, Umstellen und Vergegenständlichen der Einzelheiten aus ihrer Vergangenheit gelingt, ein umfassendes literarisches Werk zu schaffen. Nein, der Einzelbuchautor liegt richtig, wenn er das plötzliche Versiegen seiner Begabung als Krankheitssymptom wertet. Und er hat meist recht, wenn er glaubt, seine Krankheit sei heilbar.

Wenn solch ein Autor bereits einen verdienten Erfolg zu verzeichnen hat, ist er offensichtlich schon – vermutlich sogar sehr gut – mit den handwerklichen Aspekten seiner Kunst vertraut. Darin besteht sein Problem also nicht. Außer vielleicht durch einen glücklichen Zufall, wird ihm technische Unterweisung, egal wie viel, nicht dabei helfen, seine Blockade zu überwinden. In mancher Hinsicht hat er es aber besser als der Anfänger, dem es einfach nicht gelingen will, flüssig zu schreiben, denn immerhin hat er schon seine Fähigkeit bewiesen, dass er Wörter in beeindruckender Weise aneinander reihen kann. Aber sein anfänglicher Unmut über seine Unfähigkeit, dieselbe Leistung noch einmal zu erbringen, kann in Mutlosigkeit und schließlich in Verzweiflung umschlagen, mit der Folge, dass ein vorzüglicher Schriftsteller aufgibt.

Der Gelegenheitsschreiber

Der dritte Problemfall ist im Grunde eine Kombination aus den beiden vorhergehenden: Es gibt Menschen, die nur in quälend langen Abständen mit großartigem Ergebnis schreiben können. Eine meiner Schülerinnen brachte eine einzige grandiose Kurzgeschichte im Jahr zustande, was wohl kaum ausreichend war, um Körper und Geist zufrieden zu stellen. Die fruchtlosen Zeiten waren für sie wie eine Folter. Bis sie wieder schreiben konnte, war die Welt für sie ein Jammertal. Jedes Mal, wenn sie nicht arbeiten konnte, war sie sicher, nie wieder etwas Erfolgreiches produzieren zu können. Als wir uns kennen lernten, wäre es ihr beinahe gelungen, mich zu überzeugen, dass sie recht hatte. Aber immer wenn sie diese Täler durchquert hatte, schrieb sie jedes Mal wieder, und zwar gut.

Auch hier ist dem Problem mit technischer Unterweisung nicht beizukommen. Menschen, die unter solchen Ruhephasen leiden, in denen ihnen scheinbar nichts einfällt, und in denen sich ihnen kein einziger vernünftiger Satz ins Bewusstsein drängt, schreiben unter Umständen wie wahre Künstler und Kenner ihres Handwerks, wenn der Bann gebrochen ist. Als Dozent und Berater muss man sich ein genaues Bild von dieser Störung verschaffen und passende Vorschläge zur Besserung machen. Möglicherweise denkt der Schüler, er müsse auf den Blitz der Inspiration warten. Oft ist es auch ein übertriebener Perfektionismus, und manchmal, wenn auch selten, ist bei diesen Menschen eine auf Überempfindlichkeit fußende Eitelkeit am Werk: Sie möchten keine Ablehnung riskieren, und tun nur Dinge, von denen sie von vornherein wissen, dass sie gut ankommen werden.

Der uneinheitliche Schreiber

Der vierte Problemfall hat tatsächlich einen technischen Hintergrund: Das Unvermögen, eine lebendige, wenn auch nicht perfekt umgesetzte Geschichte erfolgreich zum Schluss zu bringen. Menschen, die darüber klagen, sind oft in der Lage, einen guten Einstieg zu finden, dann jedoch gerät die Erzählung nach ein paar Seiten außer Kontrolle. Manche schreiben auch eine erzählenswerte Geschichte so trocken und mager, dass all ihre interessanten Aspekte verloren gehen. Andere wiederum schaffen es nicht, die eigentliche Handlung in den Mittelpunkt zu stellen, so dass es der Erzählung an Glaubwürdigkeit mangelt.

Es stimmt natürlich, dass solchen Leuten geholfen werden kann, wenn man ihnen etwas über Aufbau, Form und die kleinen handwerklichen Tricks, die einer Story den letzten Schliff verleihen, beibringt. Aber auch hier beginnt das eigentliche Problem schon lange bevor Formfragen überhaupt zur Debatte stehen. Dem Autor mangelt es entweder am nötigen Selbstvertrauen, seine Idee richtig umzusetzen, seine Erfahrungen reichen nicht aus, um zu wissen, wie sich seine Figuren im wirklichen Leben verhalten würden, oder er ist zu schüchtern, so aufrichtig und emotional zu schreiben, wie es eine lebendige Erzählung verlangt. Jemand, dem eine schwache, verschämte oder stockend erzählte Story nach der anderen aus der Feder fließt, profitiert nicht davon, wenn man jede einzelne seiner Erzählungen auf Mängel hin untersucht, sondern er braucht eine ganz andere Art der Unterstützung: Er muss so früh wie möglich lernen, seinem Gespür zu vertrauen und die Geschichte entspannt zu erzählen, bis er selbstsicher genau das hinschreibt, was er eigentlich sagen will, so wie das die Meister der schreibenden Zunft auch tun. Man kann also sagen, dass auch diese Schwierigkeit in der Persönlichkeit des Schreibers liegt, und nicht etwa in einem Mangel an handwerklichem Können.

Die Schwierigkeiten liegen nicht im handwerklichen Können

Die vier geschilderten Probleme sind die häufigsten, mit denen man sich am Anfang seiner schriftstellerischen Laufbahn konfrontiert sieht. Fast jeder, der sich Bücher über das Schreiben von Fiction kauft oder Schreibkurse besucht, leidet unter einer dieser Blockaden. Und solange solche Hindernisse nicht aus dem Weg geräumt sind, nützt technische Unterweisung – die danach von sehr großem Nutzen sein wird – so gut wie nichts. Bei einigen Schülern reicht allein die Klassenzimmeratmosphäre, um ihnen im Laufe des Kurses Erzählungen zu entlocken. Sobald aber dieser Reiz wegfällt, hören sie sofort wieder mit dem Schreiben auf. Erstaunlich viele Schüler, die sich nichts sehnlicher wünschen, als zu schreiben, schaffen es nicht einmal einen Aufsatz zu einem vorgegebenen Thema zu Papier zu bringen und besuchen dennoch jahrelang voller Hoffnung Kurse. Ganz offensichtlich suchen sie dort vergeblich nach der richtigen Unterstützung, obwohl sie ernsthaft bei der Sache sind. Sie verwenden alles, was sie an Zeit, Mühe und Geld aufbringen können, darauf, endlich über das Anfängerstadium hinauszukommen und produktive Künstler zu werden.

∼ Zwei ∼

Wie sind Schriftsteller eigentlich?

Jetzt, wo die Schwierigkeiten erkannt sind, müssen wir sie zu lösen versuchen, wo sie ihre Wurzel haben - im täglichen Leben, in Einstellungen und Gewohnheiten, in der Persönlichkeit. Die Bücher über Technik, Stil und Handlungsaufbau werden Ihnen völlig anders erscheinen und wesentlich nutzbringender sein, wenn Sie erst einmal erkannt haben, was es bedeutet, ein Schriftsteller zu sein und was die Persönlichkeit eines Künstlers ausmacht. Und wenn Sie gelernt haben, sich wie einer zu verhalten und Ihr tägliches Leben sowie Ihr soziales Umfeld so zu gestalten, dass es im Hinblick auf Ihr Ziel hilfreich und nicht hinderlich ist. Dieses Buch soll also keinesfalls handwerkliche Ratgeber ersetzen, denn einige davon sind so nützlich, dass jeder Schreibende sie besitzen sollte. Mein Buch gehört nicht in die Sparte »Schreibtechniken«, vielmehr sollte es *vorher* gelesen werden. Denn es lehrt den Anfänger nicht, wie ein Schriftsteller zu *schreiben*, sondern wie ein solcher zu *sein*, was zwei völlig verschiedene Dinge sind.

Wie Sie sich zum Schriftsteller entwickeln

In erster Linie geht es darum, das Temperament eines Schriftstellers in sich zu entwickeln. Weil das Wort »Temperament« für ausgeglichene Menschen einen eher fragwürdigen Beigeschmack hat, möchte ich gleich klarstellen, dass ich weder wild funkelnde Augen, noch ein launisches Wesen oder seltsame Allüren als Voraussetzungen für ein Autorendasein betrachte. Ganz im Gegenteil: Wechselhafte Stimmungen oder Gereiztheit, sollten sie tatsächlich vorhanden sein, sind eher Anzeichen dafür, dass die Psyche des Autors gestört ist und seine Anstrengungen fruchtlos bleiben und ihn in die emotionale Erschöpfung treiben.

Ich betone: wenn sie tatsächlich vorhanden sind. Denn vieles von dem »überheblichen, exzentrischen Wesen«, an dem der Durchschnittsbürger einen Künstler zu erkennen glaubt, ist ein Vorurteil. Was man sein ganzes Leben lang über Künstler gehört hat, scheint die Meinung zu bestätigen, »dichterische Freiheit« bedeute, dass der Künstler für sich das Recht in Anspruch nehme, jeden Moralkodex, der ihm nicht passt, außer Kraft zu setzen. Was der Nichtschriftsteller über den Künstler denkt, hätte kaum Gewicht, wenn es nicht Einfluss auf jene hätte, die gerne schreiben möchten. Denn irgendwie setzt sich bei ihnen gegen ihren Willen und besseres Wissen die Vorstellung durch, dem Künstlerleben müsse etwas Beängstigendes und Gefährliches anhaften, und die große Zurückhaltung, die wir ja schon als hinderlich entlarvt haben, beruht sicherlich zum Teil auch auf diesen weitverbreiteten Vorurteilen.

Echte und unechte Künstler

Immerhin ist nur wenigen von uns vergönnt, in eine Familie hineingeboren zu sein, in der wir von echten Beispielen für das künstlerische Wesen umgeben wären. Und da Künstler ihr Leben notwendigerweise anders gestalten als andere Berufstätige, können ihr Verhalten und die Beweggründe von außen betrachtet leicht falsch verstanden werden. Das Bild des aus drei Teilen – dem eitlen Kind, dem leidenden Märtyrer und dem Bon Vivant – zusammengesetzten Monsters ist ein Vermächtnis aus dem vergangenen Jahrhundert, und obendrein ein peinliches. Da ist das noch weiter zurückliegende Bild vom Genie, das vielseitiger, einfühlsamer und gebildeter ist als seine Mitmenschen, und das in seinen Vorlieben freier und weniger abhängig von den Vorstellungen der Masse ist, lebensnäher.

Ein Körnchen Wahrheit steckt allerdings im ersten der beiden Bilder: Der wirklich geniale Künstler bewahrt bis zu seinem letzten Atemzug seine kindliche Spontaneität und minutiöse Aufnahmebereitschaft, den »unschuldigen Blick«, der für den Maler von so großer Bedeutung ist. Das versetzt ihn in die Lage, unvoreingenommen und schnell auf neue Eindrücke zu reagieren und sich alte Eindrücke unter neuen Aspekten ins Bewusstsein zu rufen. Es befähigt ihn, Einzelheiten und Charakteristika so zu betrachten, als kämen sie frisch aus der himmlischen Prägeanstalt, statt sie in verstaubte Schubladen einzuordnen. Er entwickelt ein so unmittelbares und scharfsinniges Gespür für das, was ihm begegnet, dass es für ihn kaum etwas Banales gibt. Er erfasst stets den »Dialog zwischen den Dingen«, den Aristoteles vor zwei Jahrtausenden beschrieben hat. Diese Fähigkeit ist die Essenz schriftstellerischer Begabung.

Die zwei Seiten des Schriftstellers

Aber um erfolgreich zu sein, braucht der Schriftsteller eine erwachsene Seite, die es ihm gestattet, Dinge zu unterscheiden, abzuwägen und gerecht zu beurteilen. Hier steht mehr der Handwerker, Arbeiter und Kritiker im Vordergrund als der Künstler. Beide Seiten müssen jederzeit Hand in Hand arbeiten, sonst gelingt kein wirkliches Kunstwerk. Wenn eine der beiden Seiten zu stark dominiert, führt das zu schlechten Ergebnissen oder es führt zu gar nichts. Zuerst muss der angehende Schriftsteller also die beiden Seiten ins Gleichgewicht bringen und ihre jeweiligen Eigenschaften in eine Gesamtpersönlichkeit integrieren. Aber dazu muss er sie zunächst voneinander trennen, sie einzeln betrachten und trainieren!

Spaltung ist nicht immer Ausdruck einer kranken Psyche

Wir alle haben schon eine Menge Schlagzeilen und Artikel in der Sensationspresse und in populärwissenschaftlichen Büchern über gespaltene Persönlichkeiten gelesen. Darum schrecken wir vor dem Gedanken einer Persönlichkeitsteilung empört zurück. Eine multiple Persönlichkeit ist für den, dessen Wissen von der Funktion des Geistes sich aus einer Vielzahl halbverdauter Informationen zusammensetzt, entweder ein armer Irrer, der in die Psychiatrie gehört, oder bestenfalls ein unberechenbarer, hysterischer Mensch. Dennoch ist es so, dass die Persönlichkeit jedes Schriftstellers auf begnadete Weise gespalten ist. Genau das macht ihn für den Normalbürger, der sich damit tröstet, wenigstens aus einem Guss zu sein, so befremdlich, quälend und irritierend. Aber die Erkenntnis, dass ein Charakter mehr als nur eine Seite hat, ist weder schockierend noch gefährlich.

Die Tagebücher und Briefe der Dichter und Denker sind

voll von Hinweisen auf die zwei Seelen in ihrer Brust. Immer wieder begegnet uns beim Lesen der Mensch, der mit beiden Beinen im Leben steht, und das Genie, das sich in höhere Sphären emporschwingt. Die Vorstellung vom *alter ego*, diesem anderen oder höheren Selbst, tritt immer dort auf, wo der Geist sich seiner eigenen Mechanismen bewusst wird, und dafür lassen sich quer durch alle Epochen Belege finden.

Alltägliche Beispiele für Persönlichkeitsspaltung

Es ist also so, dass die duale Persönlichkeit beim Genie eher die Regel als die Ausnahme darstellt. Bis zu einem gewissen Grad gilt das für uns alle. Jeder kennt aus eigener Erfahrung die Sicherheit, mit der man in Notfällen reagiert, und die man sich später nur noch als einen Anflug übernatürlicher Kraft erklären kann. An diesem Beispiel hat Frederick W. H. Myers die Wirkungsweise des Genialen zu verdeutlicht. Auch gibt es das Phänomen, dass nach langer Anstrengung plötzlich alle Müdigkeit von einem abfällt und man sich wie ein neuer Mensch fühlt, der plötzlich die bis dahin stockende Arbeit mühelos bewältigt. Dann wäre da noch die rätselhafte, verwandte Erfahrung, dass wir mitunter im Schlaf Entscheidungen treffen und Problemlösungen finden, die wir später im Wachzustand als richtig befinden. Diese alltäglichen Wunder lassen sich auf den Genius zurückführen. Sie geschehen, wenn sich das Bewusste mit dem Unbewussten verbindet, um gemeinsam die größtmögliche Leistung hervorzubringen. Beide Seiten befruchten sich gegenseitig, wirken unterstützend, stärkend und ergänzend aufeinander, so dass das daraus resultierende Handeln der ganzen Persönlichkeit entspringt und mit dem Sachverstand des ungeteilten Geistes ausgeführt werden kann.

Was weniger Begnadeten nur selten widerfährt, ist beim genialen Menschen alltäglich – zumindest kommt es sehr oft oder mit großem Erfolg vor. Es passiert ihm nicht, sondern er lässt es passieren und hält dann seine Eindrücke auf Papier, Leinwand oder in Stein fest. Er erschafft sich seine »Notsituationen« im Geiste selbst und handelt entsprechend in ihnen. Von seinem weniger schöpferischen und couragierten Berufsgenossen unterscheidet ihn vor allem seine Bereitschaft, sich anzustacheln und Leistung zu erbringen.

Jeder, der sich ernsthaft mit dem Gedanken trägt, Schriftsteller zu werden, weiß wovon ich spreche. Mit nur mäßigem Arbeitseifer kommt man nicht weit, so leicht die Entscheidung für den Autorenberuf auch fällt – da reicht schon ein Hang zur Träumerei, die Liebe zu Büchern oder die Erkenntnis, dass es so schwer gar nicht ist, einen Satz zu formulieren. Deshalb fühlen sich viele junge Menschen berufen.

Im Sumpfe der Mutlosigkeit

Aber dann dämmert einem plötzlich, was es wirklich heißt, das Leben eines Schriftstellers zu führen: Nämlich nicht, sich in angenehmen Tagträumen zu verlieren, sondern hart daran zu arbeiten, diesen Traum in die Realität umzusetzen, ohne dass sein Zauber dabei unterwegs verloren geht. Es heißt auch nicht, andere Autoren nachzuahmen, sondern bei sich selbst nach Geschichten zu graben und sie in vollendeter Form aufs Papier zu bringen. Ein paar Seiten, die man dann auf korrekten Sprachgebrauch und Stil hin beurteilen lässt, reichen auch nicht – nein, hier geht es darum, Absatz für Absatz, Seite für Seite zu schreiben und auf Stil, Inhalt und Glaubwürdigkeit hin untersuchen zu lassen. Und das ist noch längst nicht alles, womit der Schriftsteller am Anfang konfrontiert wird: So fragt er sich zum Beispiel, ob es ihm nicht vielleicht doch noch an der nötigen Reife mangelt, und wie er überhaupt so kühn sein konnte, anzunehmen, er habe irgend etwas zu sagen, das für andere von Bedeutung sein könnte. Beim Gedanken an seine Leser zittert er vor Lampenfieber wie ein Jungschauspieler. Er merkt, wenn er eine Erzählung Punkt für Punkt aufbaut, dass er sie anschließend nicht mehr flüssig aufschreiben kann – und dass ihm andererseits die Erzählung aus den Fugen gerät, wenn er seiner Feder einfach freien Lauf lässt. Er fürchtet, entweder seine Storys alle nach dem gleichen Muster zu schreiben, oder er lässt sich von der Vorstellung lähmen, dass ihm nach der Geschichte, an der er gerade schreibt, nie mehr eine einfallen wird, die ihm genauso gefällt.

Also wird er anfangen, gerade im Trend liegende Autoren zu lesen, mit dem Ergebnis, dass er sich nun selbst verrückt macht, weil ihm entweder der Humor von Autor A oder der Scharfsinn von Autor B fehlt. Ihm werden hundert Dinge einfallen, die seine Selbstzweifel nähren, und nicht ein einziger Grund, an sich selbst zu glauben. Jeder, der ihn ermutigt, macht sich sofort verdächtig, entweder zu nachsichtig oder zu weit von der Realität des rauhen Marktes entfernt zu sein, um zu wissen, welche Anforderungen dort gelten. Liest er dann noch das Werk eines Meisters und vergleicht dessen Talent mit dem eigenen, wird ihn die Aussichtslosigkeit, jemals mithalten zu können, in einen Abgrund der Hoffnungslosigkeit stürzen. Diese Phase, in der er nur noch gelegentlich seine eigene Begabung fühlt, kann Monate oder gar Jahre dauern.

Jeder Schriftsteller kennt diese Zeit der Hoffnungslosigkeit. An diesem Punkt steigen neben den meisten wirklich nicht zum Schreiben geborenen Menschen auch eine Menge vielversprechender Talente aus und wenden sich weniger schlafraubenden Tätigkeiten zu. Andere schaffen es, ans gegenüberliegende Ufer des Sumpfes zu gelangen, sei es durch eine plötzliche Eingebung oder einfach durch Hartnäckigkeit. Wieder andere suchen

Rat in Büchern oder bei Experten. Aber oft können sie ihr diffuses Unbehagen gar nicht erklären. Sie vermuten, sie könnten entweder »keine Dialoge schreiben«, kriegten »das mit der Gliederung« nicht hin oder ihre »viel zu steifen Figuren« seien nicht überzeugend. Sie bemühen sich daraufhin, diese Schwächen zu überwinden, nur um festzustellen, dass sich ihre Probleme nicht geändert haben, und sind damit auf der nächsten Stufe des inoffiziellen Ausleseverfahrens angelangt. Auch hier werden wieder einige von ihnen ihre Ambitionen aufgeben. Dennoch gibt es Eiserne, die durchhalten, obwohl es sie verunsichert, ihre eigene Fähigkeit selbst nicht richtig beurteilen zu können.

Keine Feuerprobe, die sich Lektoren, Dozenten und erfahrenere Autoren ausdenken könnten, wird den, der bis dahin durchgehalten hat, noch schrecken. Jetzt muss ihm begreiflich gemacht werden, dass er sich zuviel vorgenommen hat, und dass er, obwohl er bei seinem Lernprozess schrittweise vorgegangen ist, die falschen Schritte gemacht hat. Die meisten Methoden, mit denen die bewusste Seite des Schreibenden – die des Handwerkers und Kritikers – gefördert wird, schaden dem, was das Unbewusste – also der Künstler – zum Gelingen des Ganzen beisteuert. Und umgekehrt. *Aber es ist möglich, beide Seiten dazu zu bringen, harmonisch zusammenzuarbeiten. Und der erste Schritt auf diesem Weg ist die Erkenntnis, dass es in Ihnen nicht einen, sondern zwei Schüler gibt.*

∾ *Drei* ∾

Die Vorzüge der Dualität

Lassen Sie uns nun einen kurzen Blick darauf werfen, wie eine Erzählung entsteht. Dann werden Sie verstehen, warum Sie Ihre schriftstellerischen Fertigkeiten auf zwei Ebenen entwickeln müssen.

Wie entsteht eine Erzählung?

Wie jede andere Kunst, so entspringt auch das kreative Schreiben dem ganzen Menschen. Das Unbewusste muss ungehindert fließen können. Es muss bei Bedarf die Schätze von Erinnerungen, Gefühlen, Ereignissen, Abläufen und Einsichten in Charaktere und Beziehungen, die in der Tiefe ruhen, zur Verfügung stellen. Das Bewusste hat währenddessen die Aufgabe, aus allen Inhalten eine Auswahl zu treffen und sie zu steuern und miteinander zu verknüpfen, ohne den Fluss des Unbewussten zu behindern. Das Unbewusste wird dem Schriftsteller alle möglichen »Modelle« zur Verfügung stellen – passende Charaktere, typische Szenen und emotionale Reaktionen, während das Bewusstsein darüber entscheiden muss, welche Modelle für ein Kunstwerk universell genug sind. Es kann auch vorkommen, dass der Autor einer allzu universellen Figur besondere Eigenheiten mitgeben muss, um ihr mehr Individualität zu verleihen, er also aus einem Klischee ein Individuum machen muss, damit das Fiktive glaubwürdig wird.

Sicherlich produziert das Unbewusste jedes Schriftstellers seine eigenen Klischees. Es hängt von seiner eigenen Vergangenheit ab, ob er bestimmte Dinge besonders deutlich wahrnimmt oder andere übersieht. Dementsprechend hat er auch seine eigenen Vorstellungen davon, was ein Mensch braucht, um zu größtmöglichem Glück und persönlichem Wohlergehen zu finden. Das erklärt, warum sich alle Erzählungen eines Schriftstellers in ihrer Grundhaltung gleichen. Um die Gefahr der Eintönigkeit zu bannen, muss das Bewusstsein jede Erzählung neu gestalten, indem es sowohl alte Inhalte verfremdet und anders verknüpft, als auch Überraschendes und Neues hinzufügt.

Da die Tendenz zur Formgebung im Unbewussten des Autors liegt, wird auch sein Unbewusstes darüber entscheiden, nach welchem Schema er seine Erzählungen aufbaut. (Aber das werde ich an späterer Stelle noch eingehender behandeln. Im Moment genügt es zu betonen, dass aus diesem Grund vieles von dem, was einem über das Erstellen einer Rohskizze beigebracht wird, reine Zeitverschwendung ist. Einige Kniffe sind ganz nützlich, zum Beispiel erfolgreiche Erzählungen aus jeder beliebigen Epoche einzeln zu untersuchen, um herauszufinden, nach welchem Muster sie gestrickt sind. Aber wenn dieses Muster nicht ohnehin auf der geistigen Linie eines Schülers liegt, ist ihm wenig geholfen, wenn man von ihm erwartet, dass er seine Arbeit an einem ihm geistig fremden Schema orientiert.) Die Geschichte entsteht also im Unbewussten und erscheint dann – manchmal nur in vagen Umrissen, manchmal erstaunlich deutlich – im Bewusstsein. Dort werden die Einzelheiten genau geprüft, gefiltert, verändert, betont, werden ins Rampenlicht gestellt oder ein wenig versachlicht. Anschließend wandern die bearbeiteten Einzelheiten wieder ins Unbewusste zurück, wo sie nun zu einer Einheit – der fertigen Erzählung – verschmolzen werden. Dieser Vorgang ist aufwändig und benötigt Zeit. Da er im Verborgenen stattfindet, hat der Schriftsteller zwischendurch mitunter das Gefühl, er hätte seine Idee verloren. Aber am Ende erscheint die fertige Erzählung im Bewusstsein, und der Autor kann damit beginnen, sie aufzuschreiben.

Das Naturtalent

Beim Genie oder dem Naturtalent läuft dieser Vorgang so fließend und oft so schnell ab, dass sogar diese stark geraffte Darstellung zu lang erscheint, um die tatsächliche Entstehungsgeschichte seiner Erzählungen wiederzugeben. Aber denken Sie daran: Das Genie ist ein Mensch, der das besondere Glück hat, entweder von Natur aus oder durch Erziehung sein Unbewusstes in den Dienst seiner bewussten Ziele zu stellen, ob er es weiß oder nicht. Diese Behauptung wird sich im Laufe dieses Buches bestätigen. Will man jemanden beibringen, wie ein Schriftsteller zu *sein*, muss man ihm beibringen, willentlich zu tun, was ein Naturtalent schon aufgrund seiner Persönlichkeitsstruktur tut.

Unbewusstes und Bewusstes

Das Unbewusste ist zurückhaltend, schwer greifbar und sperrig, aber man kann es willentlich anzapfen und sogar dirigieren. Das Bewusste hingegen ist aufdringlich, starrsinnig und arrogant, lässt sich aber durch Training in den Dienst des angeborenen Talents stellen. Trennen wir die Funktionen beider Seiten so weit wie möglich und gehen sogar noch einen Schritt weiter, indem wir das Bewusste und das Unbewusste als zwei separate

Persönlichkeiten betrachten, haben wir eine Art Arbeitsmetapher, die uns beim Training von großem Nutzen sein wird – ohne Gefahr für die Integrität der eigenen Persönlichkeit.

Die zwei Persönlichkeiten des Schriftstellers

Betrachten Sie sich also für eine Weile, solange die Vorstellung hilfreich ist, als zwei Menschen in einem. Einer davon ist nüchtern, alltagstauglich und praktisch veranlagt, um den Anforderungen der rauen Welt möglichst gut gerecht werden zu können. Er hat viele Tugenden, die ihn davon abhalten, seine Ziele allzu rücksichtslos zu verfolgen, und er wird nun lernen, seinen Verstand, seine Objektivität und seine Toleranz bei der Beurteilung von Sachverhalten walten zu lassen. Gleichzeitig muss er im Hinterkopf behalten, dass seine vorrangige Aufgabe darin besteht, seinem anderen Ich, dem Künstler, die bestmöglichen Arbeitsbedingungen zu schaffen. Dieses künstlerische Ich dürfen Sie dann so empfindsam, enthusiastisch und parteiisch sein lassen, wie Sie wollen. Allerdings haben seine Eigenschaften nichts im Alltagsleben verloren. Das vernünftige Ich, das mit seiner Pflege betraut ist, wird streng darauf achten, dass es nicht verletzt wird, indem es in Situationen, in denen allein der Verstand gefordert ist, Gefühle mit ins Spiel bringt, oder dass weniger wohlmeinende Betrachter es für exzentrisch halten.

Die durchsichtige Trennwand

Der erste Vorteil, den Ihnen diese neue Doppelnatur bringt, ist der, dass Sie zwischen sich und der Welt nun eine durchsichtige Trennwand errichtet haben, hinter der Sie in Ruhe in die Rolle einer Künstlerpersönlichkeit hineinwachsen können. Der Durchschnittsmensch schreibt viel, aber doch nicht genug, als dass er sich ein Leben als Schriftsteller vorstellen könnte. Es ist schade, aber phantasielose Menschen finden den Gedanken, dass sich jemand mit dem »Aneinanderreihen von Wörtern« einen Namen machen und seinen Lebensunterhalt damit verdienen möchte, komisch. Erzählt ihnen jemand, er wolle seine Ansichten niederschreiben und »der Welt zugänglich machen«, finden sie ihn überheblich, und strafen seine »Selbstüberschätzung« gnadenlos mit Sticheleien. Wenn Sie sich dazu berufen fühlen, die stumpfsinnige Meinung solcher Menschen zu korrigieren, können Sie damit Ihr ganzes Leben zubringen, nur leider werden Sie dann keine Kraft mehr zum Schreiben haben, es sei denn, Sie verfügen über außerordentliche Ressourcen. Auf den erfolgreichen Schriftsteller reagieren solche schlichten Gemüter impulsiv und kindisch: In seiner Gegenwart sind sie voller Ehrfurcht und fühlen sich unwohl in ihrer Haut. Offenbar glauben sie, jemand könne so viel Weisheit nur durch Hexerei erlangt haben. Also verfliegt ihre Selbstsicherheit, und sie benehmen sich entweder völlig unnatürlich oder verfallen in totale Reglosigkeit. Merken sie, dass man sich für ihr Verhalten allzu sehr interessiert, ziehen sie sich zurück, und man kann nicht einmal mehr über sie schreiben.

Es mag ja niederträchtig sein, aber ich gebe Ihnen trotzdem ohne schlechtes Gewissen folgenden Rat: Behalten Sie Ihre Absichten für sich, wenn Sie Ihre Beute nicht verjagen wollen.

Bewahren Sie Stillschweigen

Der angehende Schriftsteller ist gegenüber Nachwuchskünstlern aus anderen Bereichen im Nachteil, denn sein Medium ist das gleiche, das andere Menschen in täglichen Gesprächen und in Briefen an Bekannte und Geschäftspartner nutzen. Außerdem verfügt er über keine besondere Arbeitsausrüstung, die ihm Prestige verschaffen könnte. Jemand, der ein Musikinstrument, eine Leinwand oder Ton zur Ausübung seiner Tätigkeit benutzt, ist schon wegen seiner Requisiten glaubwürdig. Selbst eine gute Singstimme lässt sich nicht jeder Kehle entlocken. Aber wenn Sie sich vorzeitig – solange Ihr Name noch nicht verschiedene Buchrücken ziert – zum Schreiben bekennen, ernten Sie als Autor nur Spott. Orientieren Sie sich darum an anderen Künstlern: Kein Geiger trägt sein Instrument ständig mit sich herum, ebenso wenig wie der Maler immerzu mit Pinsel und Palette herumläuft. Das tun Künstler nur, wenn sie vorhaben, diese Dinge tatsächlich zu benutzen, allein oder vor einem geneigten Publikum. Nutzen Sie also die Vorteile der Diskretion.

Aus psychologischer Sicht gibt es aber noch einen weiteren sehr guten Grund, warum Sie Stillschweigen über Ihre schriftstellerischen Ambitionen bewahren sollten: Wenn Sie schon so viel über sich verraten haben, werden Sie wahrscheinlich auch noch den nächsten Schritt tun und erzählen, *worüber* Sie schreiben möchten. Schön und gut, die Sprache ist Ihr Medium, und als Schriftsteller ist es Ihr Job, Wörter wirksam zu gebrauchen, aber Ihrem Unbewussten (der Seite in Ihnen, die für Ihre Wünsche steht) wird es völlig egal sein, ob Sie Ihre Geschichten niederschreiben oder ob Sie sie der Welt mündlich mitteilen. Wenn Sie in glücklichen Momenten, in denen Sie tatsächlich auf interessierte Ohren stoßen, ins Plaudern geraten, müssen Sie dafür später oft teuer bezahlen. Ihre Story ist an den Mann gebracht, und Sie haben dafür entweder Beifall oder Missbilligung geerntet. Leider werden Sie danach feststellen, dass Sie sich kaum noch dazu aufraffen können, dieselbe Geschichte in voller Länge aufzuschreiben, denn Ihr Unbewusstes wird es absolut überflüssig finden, dieselbe Geschichte zweimal zu erzählen. Und selbst wenn es Ihnen gelingt, diese Unlust zu überwinden, werden Sie feststellen, dass sich Ihr eigenes Desinteresse als gewisse Flachheit im Text widerspiegelt. Üben Sie sich also in weiser Zurückhaltung. Wenn Sie eine gute Rohfassung erstellt haben, können Sie diese, wenn Sie wollen, jemandem zeigen, um Verbesserungsvorschläge einzuholen. Zu früh zu plaudern, ist jedoch ein großer Fehler.

Sich selbst als doppelte Persönlichkeit zu sehen, birgt noch weitere Vorteile: Ihr empfindsames, emotionales Selbst sollte nicht mit Kontakten zu Verlegern, Dozenten oder Freunden belastet werden. Schicken Sie statt dessen Ihr praktisch veranlagtes Selbst in die Welt hinaus, um Ratschläge, Kritik oder Missbilligung entgegenzunehmen. Sorgen Sie dafür, dass allein ihr nüchternes Selbst ein Auge auf Ablehnungsschreiben von Verlagen werfen darf! Kritiken und Ablehnungsschreiben sind keine persönlichen Beleidigungen, aber Ihrer künstlerischen Seite ist das keineswegs klar. Sie wird sich völlig verängstigt unter der Bettdecke verkriechen, und Sie werden Mühe haben, sie wieder herauszulocken, wenn Sie sie brauchen, um Beobachtungen anzustellen, Geschichten daraus zu weben und die passenden Wörter für all die Zwischentöne zu finden, die Ihre Erzählung einzigartig machen.

Ihr bester Freund und schärfster Kritiker

Ihr künstlerisches Selbst ist ein triebhaftes und emotionales Wesen, und wenn Sie nicht aufpassen, bringen Sie Ihr Leben schnell in ein Fahrwasser, das Ihnen ein Mindestmaß an Ärger und ein Maximum an Bequemlichkeit beschert, statt Ihr Talent auszubilden und anzuregen. Das künstlerische Selbst ist meist völlig zufrieden damit, sich in Tagträumen zu verlieren und sich allein zu amüsieren. Der Impuls, etwas zu schreiben, steigt nur in großen zeitlichen Abständen von allein an die Oberfläche. Gestatten Sie dem Unbewussten, über Ihre Lebensumstände und Ihre Arbeitsweise zu bestimmen, werden Sie abends längst nicht soviel vorzuweisen haben, wie Ihr Talent hätte hergeben können.

Gehen Sie lieber von vornherein davon aus, dass Sie sich gekonnt Steine in den Weg legen. Dann können Sie sich objektiv anschauen, welche Ihrer impulsiven Handlungen zu Ergebnissen führen, und welche Sie eher in eine Moorleiche verwandeln. Am Anfang werden Sie es langweilig finden, sich ständig daraufhin zu untersuchen, zu welchen Kapriolen Sie neigen und welche Ihrer Angewohnheiten Sie am Schreiben hindern. Später wird Ihnen das in Fleisch und Blut übergehen, bis es Ihnen sogar zu gut gefällt, und Sie mit der gleichen Konsequenz Ihren Blick wieder vom eigenen Nabel abwenden müssen, weil die Selbstanalyse das Stadium, in dem sie Sie weiterbringt, überschritten hat. Kurz, sie müssen lernen, abwechselnd Ihr bester Freund und Ihr schärfster Kritiker zu werden – einmal verspielt und gnädig, ein anderes Mal erwachsen und unerbittlich.

Neue Kraft tanken

Beachten Sie: Sie sollen nicht nur Ihr strenger Kritiker, sondern ebenso Ihr bester Freund sein. Nur Sie selbst können herausfinden, welche Reize, Vergnügungen und Freunde Ihnen gut tun. Vielleicht löst Musik (ganz gleich, wie wenig Sie über Musik wissen) den rätselhaften inneren Prozess aus, der Sie irgendwann an den Schreibtisch treibt. In dem Fall muss Ihr erwachsenes Selbst dafür sorgen, dass Sie die richtige Musik im Haus haben und dass Sie nicht anfangen, sich für Ihre erstaunliche Vorliebe für Orchestermusik oder Gospellieder zu entschuldigen. Außerdem werden Sie feststellen, dass einige Ihrer Bekannten, die Ihnen ansonsten gar nicht gut tun, Sie dazu bringen, zu schreiben – und umgekehrt. Ein zu anregendes Sozialleben kann einem zarten Talent ebenso schaden, wie überhaupt keines. Wie eine Gruppe oder Einzelperson sich auf *Sie als Schriftsteller* auswirkt, können Sie nur durch Beobachtung herausfinden. Sich mit einem Langweiler zu treffen, der Sie anhimmelt, oder mit einem brillanten Freund, der Sie auf die Palme bringt, könnte zu einem Vergnügen werden, das Sie sich nur noch selten gestatten. Denn wenn Sie nach einem Abend mit dem Langweiler das Gefühl haben, die Welt sei ein staubtrockener Ort, oder wenn Ihr brillanter Freund Sie so in Rage versetzt, dass es Ihnen die Sprache verschlägt, rechtfertigen auch die freundschaftlichsten Gefühle, die Sie diesen Leuten entgegenbringen, keine häufigen Treffen – zumindest nicht, wenn Sie versuchen, Schriftsteller zu werden. Es wird Ihnen nichts anderes übrigbleiben, als sich mit Leuten zu treffen, die auf mysteriöse Weise in Ihnen Kräfte wecken, Sie mit neuen Ideen füttern, oder Ihr Selbstvertrauen und Ihr Verlangen zu schreiben, steigern.

Freunde und Bücher

Haben Sie nicht das Glück, solche Freunde zu finden, dann werden Sie auf der Suche nach einem Ersatz vielleicht in der Bücherei fündig – manchmal unter den seltsamsten Titeln. Eine meiner Schülerinnen schwor auf medizinische Fallbeispiele. Eine andere beteuerte, dass sie sich nach mehrstündiger Lektüre eines populärwissenschaftlichen Magazins, dessen beleidigend einfache Inhalte sie dennoch kaum verstand, so vollgepfropft mit lauter nüchternen kleinen Fakten fühlte, dass sie sofort etwas Phantasievolles schreiben musste, um ihr Gleichgewicht wiederzufinden. Ich kenne einen berühmten Schriftsteller, der die Werke von John Galsworthy verabscheut. Aber Galsworthys Sprachrhythmus löst bei ihm das Verlangen aus, selbst zu schreiben. Er behauptet, nach wenigen Seiten der *Forsyte Saga* vernehme er ein »inneres Summen«, das sich bald darauf in Sätze verwandele. Im Gegensatz dazu fällt er nach der Lektüre von Wodehouse, den er für einen Meister des Humors hält, in ein tiefes Loch der Hoffnungslosigkeit was sein eigenes Können angeht, so dass er peinlich darauf achtet, bloß keinen Wodehouse zu lesen, solange er an einem seiner Werke arbeitet. Experimentieren Sie also ein wenig herum, und finden Sie heraus, was Sie beflügelt und was Sie lähmt.

Wenn Sie sich nun ans eigentliche Schreiben begeben, darf Ihr erwachsenes Selbst anfangs lediglich eine Beobachterfunktion übernehmen und höchstens hin und wieder einen Kommentar wie »du wiederholst dich«, »das kannst du auch knapper formulieren« oder »der Dialog führt ja ins Uferlose« abgeben. Erst später wird es herbeigerufen, um die Rohskizze oder einzelne Abschnitte genauer unter die Lupe zu nehmen. Mit seiner Unterstützung können Sie dem Manuskript dann den letzten Schliff verpassen. Aber beim Schreiben gibt es nichts Störenderes, als diese wachsame, kritische, pingelige und kopfgesteuerte Instanz im Nacken zu haben. Die nagenden Selbstzweifel, das verhaltene Schweigen, das sich wie ein Leichentuch um die besten Ideen wickelt, rühren daher, dass man seinem inneren Richter erlaubt, sich zu einem Zeitpunkt zu äußern, zu dem eigentlich ausschließlich der Geschichtenerzähler gefragt ist. Am Anfang wird es Ihnen schwer fallen, diesen Richter, der sein Urteil über jeden Satz und jedes Wort fällt, an seinen Platz zu verweisen, aber wenn Sie es einmal geschafft haben, die Geschichte frei aus sich herausfließen zu lassen, wird er bereitwillig warten, bis er an der Reihe ist.

Der selbstherrliche Intellekt

Niemand ist mehr von sich selbst überzeugt, als unser Verstand, das ist einer der Gründe, warum es gefährlich ist, sich allzu eingehend mit den technischen Aspekten des Schreibens zu befassen. Schließlich bestätigen wir unseren Intellekt damit in seinem Irrglauben, er sei das wichtigere Teammitglied. Das ist er mit Sicherheit nicht! Seine Funktion ist unverzichtbar, aber zweitrangig und nur vor und nach dem Schreiben gefragt. Gelingt es Ihnen nicht, Ihren Intellekt in der Schreibphase zu zügeln, wird er Ihnen ununterbrochen vermeintliche Lösungswege vorschlagen, sich in die Motive einmischen, versuchen, die Figuren »literarisch« zu gestalten (was häufig bedeutet, dass sie stereotyp und unnatürlich werden), oder er wird versuchen, Sie davon zu überzeugen, dass Ihre vielversprechende Geschichte in Wirklichkeit trivial und unglaubwürdig ist.

Friedliche Koexistenz

Nun habe ich vielleicht den Eindruck erweckt, die zwei Personen, aus denen das Schriftstellerteam besteht, befänden sich im Krieg miteinander, obwohl das Gegenteil der Fall ist. Denn haben beide erst einmal ihre richtigen Plätze eingenommen, bereichern, stärken, motivieren und entlasten sie sich fortlaufend gegenseitig. Und zwar so, dass eine ungespaltene Persönlichkeit entsteht, die ausgeglichener, gelassener, leistungsfähiger und tiefgründiger ist als die ursprüngliche. Unglücklich ist der Künstler ja nur, wenn sich die beiden Seelen in seiner Brust bekämpfen. Dann arbeitet er gegen den Strich und wider sein besseres Wissen. Im traurigsten Fall ist er gar nicht in der Lage, zu arbeiten. Die beneidenswertesten Schriftsteller sind jene, die sich oft unbewusst und ohne große Selbstanalyse damit abgefunden haben, dass ihre Persönlichkeit verschiedene Facetten hat. Mal steht die eine, mal die andere im Vordergrund, je nachdem, welche bei der Arbeit oder im Alltagsleben gerade am hilfreichsten ist.

Erste Übung

Nun kommen wir zur ersten einer ganzen Reihe von Übungen in diesem Buch. Sie wird Ihnen zeigen, wie einfach es im Grunde ist, sich selbst objektiv zu betrachten:

Stellen Sie sich vor, Sie stünden in der Nähe einer Tür. Wenn sie dieses Kapitel zu Ende gelesen haben, stehen Sie auf und verlassen den Raum durch diese Tür. Machen Sie sich ab dem Zeitpunkt, zu dem Sie sich im Türrahmen befinden, selbst zum Objekt Ihrer Beobachtungen. Wie sehen Sie aus, wenn Sie da stehen? Wie ist Ihr Gang? Wenn Sie eine fremde Person wären, was würden Sie dann bezüglich des Charakters, des Hintergrundes und der Absicht dieser Person in eben diesem Moment annehmen? Wenn sich in dem anderen Raum Menschen befinden – wie begrüßen Sie sie? Behandeln Sie jede Person gleich? Geben Sie zu erkennen, dass Sie eine der Personen lieber mögen oder ihr mehr Beachtung schenken, als den anderen?

Hinter dieser Übung verbirgt sich kein obskurer, esoterischer Zweck. Vielmehr soll sie es Ihnen ermöglichen, sich aus der Distanz zu betrachten. Wenn Sie das beherrschen, können Sie die Übung getrost wieder vergessen.

Eine andere Variante, die Sie später ausprobieren sollten, ist folgende: Setzen Sie sich bequem hin, legen Sie die Hände in Ihren Schoß und beschreiben Sie, wie Sie sich die Haare kämmen. Das ist schwieriger, als man glaubt. Lassen Sie dabei kein noch so winziges Detail aus. Stellen Sie sich etwas später eine Situation vom Vortag vor: Betrachten Sie sich beim Kommen und beim Gehen. Wie könnte ein Fremder Sie in dieser Situation sehen? Oder stellen Sie sich vor, Sie könnten sich selbst einen ganzen Tag lang von einem kleinen Hügel aus betrachten. Betrachten Sie sich *mit den Augen eines Schriftstellers*, und überlegen Sie, welchen Eindruck er von Ihnen bekäme, würde er beobachten, wie Sie Häuser betreten und wieder verlassen, wie Sie die Straße entlang laufen und in einem Laden verschwinden und am Abend nach Hause zurückkehren.

∼ Vier ∼

Kurzes Interludium: Ratschläge

Wollen wir uns neue Gewohnheiten zulegen oder alte ablegen, bedienen wir uns trotz bester Absichten ausgerechnet der Strategie, die am ehesten dazu geeignet ist, unser Ziel zu verfehlen. Ich bitte Sie, die Übungen in diesem Buch nicht allzu verbissen durchzuführen.

Kräfte sparen

Einfache Handlungen führen wir gewöhnlich mit so viel Energie aus, dass wir eine dreimal so starke Wirkung erzielen wie nötig. Das gilt für einfache Dinge ebenso wie für hochkomplizierte Vorgänge, für körperliche ebenso wie für geistige Anstrengungen. Steigen wir eine Treppe hinauf, arbeiten dabei all unsere Muskeln und Organe auf Hochtouren, als stünde oben unser Seelenretter. Folglich sind wir unzufrieden mit dem, was wir für die investierte Energie zurückbekommen. Wirken wir auf ein Objekt stärker ein als nötig, müssen wir das durch eine wiederum überflüssige Gegenbewegung teils rückgängig machen. Jeder hat schon einmal eine nur angelehnte Tür zu schwungvoll geöffnet und ist dabei fast ins nächste Zimmer gestürzt, oder einen leichten Gegenstand angehoben, der viel schwerer aussah. In solchen Situationen bleibt Ihnen nichts anderes übrig, als Ihr Gleichgewicht mit einer leichten Gegenbewegung wiederherzustellen.

Vorstellungskraft statt Wille

Besonders, wenn es um geistige Leistungen geht, hängen wir dem kindischen Glauben an, es sei lobenswert, unser schwaches Fleisch mit einem starken Willen zu besiegen. Aber wenn Sie Ihre Gewohnheiten ändern wollen, werden Sie feststellen, dass Sie wesentlich schneller und rückfallfreier ans Ziel Ihrer Wünsche gelangen, wenn Sie dazu einfach Ihre Vorstellungskraft einsetzen, statt gleich das schwerste Geschütz aufzufahren.

Ich sage nicht, dass der Wille etwas Schlechtes ist. Es gibt Situationen, in denen man nur mit größter Willenskraft weiterkommt. Aber unsere Phantasie gestaltet unser Leben viel stärker mit, als wir glauben. Jeder Lehrer weiß, dass sich Kinder viel leichter zu etwas bewegen lassen, wenn man ihre Phantasie anspricht.

Wie man sich von alten Gewohnheiten trennt

Alte Gewohnheiten sind beharrlich und eifersüchtig. Sobald sie spüren, dass wir uns ihrer entledigen wollen, fahren sie all ihre Überredungskünste auf, um uns zu erweichen, sie beizubehalten. Bekämpfen wir sie zu entschlossen, rächt sich das: Nach spätestens zwei Tagen werden Ihnen alle möglichen Gründe einfallen, warum das neue Verhalten uns nicht weiterbringt, warum wir es vielleicht ein wenig abändern sollten, damit es sich besser mit dieser oder jener alten Gewohnheit verträgt, oder warum wir es ganz lassen sollten. Am Ende finden wir, ohne auch nur den geringsten Nutzen aus der ganzen Anstrengung gezogen zu haben, dass wir das neue Verhalten ausreichend getestet haben, und dass es eben einfach nicht das richtige für uns ist. Der Fehler liegt aber eindeutig darin, dass wir uns völlig verausgaben, bevor wir überhaupt sehen können, ob das neue Verhalten nun Früchte trägt oder nicht.

Das folgende Experiment ist ganz einfach, so sehr es auch verblüfft. Um die Wirkung gedanklicher Prozesse zu veranschaulichen, ist es besser geeignet als lange Erklärungen.

Gedanken werden sichtbar

Zeichnen Sie mit Hilfe eines Trinkbechers einen Kreis auf ein Blatt Papier, und teilen Sie diesen mit zwei Diagonalen in vier gleich große Segmente. Binden Sie nun einen schweren Ring oder einen Schlüssel an einer etwa zehn Zentimeter langen Schnur fest, und halten Sie die Schnur so, dass das Gewicht zwei bis drei Zentimeter über dem Schnittpunkt der beiden Diagonalen in der Mitte des Kreises hängt. *Denken* Sie an eine kreisende Bewegung, und folgen Sie der Kreislinie mit den Augen. Lassen Sie die Schnur mit dem Gewicht dabei völlig außer Acht.

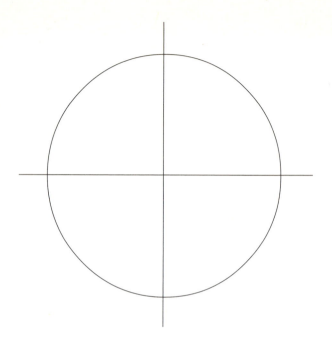

Nach ein paar Minuten wird das Pendel anfangen, sich in immer größer werdenden Kreisen zu bewegen, und zwar im selben Uhrzeigersinn, in dem Sie sich in Gedanken und mit Ihren Augen bewegen. Wechseln Sie nun die Bewegungsrichtung *nur in Gedanken*, während Sie mit den Augen weiterhin die ursprüngliche Richtung beibehalten. Wiederholen Sie diesen Vorgang anschließend zuerst mit der senkrechten, dann mit der waagerechten Diagonalen. In allen drei Fällen wird das Pendel zunächst für einen Augenblick zur Ruhe kommen und sich danach für die Richtung, die Sie in Gedanken verfolgen, entscheiden.

Wenn Sie mit solcherlei Experimenten noch nie zuvor in Berührung gekommen sind, finden Sie das Ganze vielleicht etwas unheimlich, was es aber überhaupt nicht ist. Es handelt sich hierbei um eine einfache Demonstration, wie wir unsere inneren Bilder – in dem Fall mittels winziger, unwillkürlicher Muskelkontraktionen – äußere Wirklichkeit werden lassen. Wie Sie sehen, spielt der Wille dabei kaum eine Rolle. Einige französische Psychologen behaupten, Heilung durch Glauben funktioniere auf dieselbe Weise. Zumindest zeigt die Übung, dass es überflüssig ist, sich körperlich und geistig übermäßig anzustrengen, um sein Leben zu verändern.

Die richtige Grundhaltung

Sie sollten die Übungen in diesem Buch in einer entspannten und heiteren Gemütsverfassung durchführen. Stellen Sie sich *einige Minuten lang* vor, wie Sie die empfohlene Übung machen. Haben Sie mit dieser Methode die ersten Erfolge erzielt, werden Sie feststellen, dass sie sich beliebig ausbauen lässt. Vergessen Sie nicht, dass die kleinen Unbequemlichkeiten und Veränderungen Ihrer Gewohnheiten sich am Ende durch ein erfüllteres Leben und größere Leistungsfähigkeit bezahlt machen. Wenden Sie Ihren Blick für eine Weile von all den Schwierigkeiten ab, über denen Sie schon viel zu ausgiebig gebrütet haben. Gestatten Sie sich in der Trainingsphase nicht, an die Möglichkeit des Scheiterns überhaupt zu denken, denn Sie sind in diesem Stadium noch gar nicht in der Lage, Ihre Erfolgschancen richtig einzuschätzen. Was Ihnen jetzt schwierig oder unmöglich erscheint, sehen Sie ein paar Schritte weiter in einem anderen Licht. Später können Sie hin und wieder eine Art Inventur machen, um festzustellen, was Ihnen leicht fällt und was nicht. Dann können Sie überlegen, wie Sie Ihre Schwächen in den Griff bekommen, und zwar als jemand, der bereits weiß, wie man wirksam an sich arbeitet, ohne sich entmutigen zu lassen oder Veränderungen zu forcieren.

∼ Fünf ∼

Wie man das Unbewusste lenkt

Zunächst einmal müssen Sie das Unbewusste gezielt dazu bringen, sich schriftlich auszudrücken. Mögen mir die Psychologen meinen lockeren Umgang mit den Fachbegriffen verzeihen, wenn ich sage, das Unbewusste müsse *lernen*, dieses oder jenes zu tun. Das ist zwar genau das, was bei all unseren Absichten geschieht, aber ich kann es natürlich auch weniger elegant und dafür mehr auf den konkreten Fall bezogen ausdrücken: Das erste, was Sie als angehender Schriftsteller tun müssen, ist, Ihr Unbewusstes mit Ihrem Arm zu verknüpfen.

Tagträume

Die meisten Menschen, die den Wunsch haben, Schriftsteller zu werden, sind ausgesprochen verträumt, oder waren es zumindest in ihrer Kindheit. Es gibt kaum Momente, in denen sie sich nicht auf die eine oder andere Weise bei Tagträumereien ertappen könnten. Mitunter wird dabei die eigene Vergangenheit Tag für Tag oder Augenblick für Augenblick neu inszeniert, und zwar so, dass sie dem, was man sich vielleicht gewünscht hätte, ein wenig näher kommt. Gespräche und Auseinandersetzungen werden so nachgebessert, dass sie mit schlagfertigen Antworten als Sieger daraus hervorgehen, oder sich imaginieren in eine leichtere und glücklichere Phase ihres Lebens zurück. Vielleicht erwarten sie auch hinter der nächsten Straßenecke große Abenteuer, und sie machen sich schon einmal Gedanken darüber, wie diese wohl aussehen könnten.

Solch kindliche Wunschträume, in denen wir die unerschrockenen Protagonisten sind, sind der Stoff, aus dem Literatur entsteht. Sie sind sozusagen die Ausgangsmaterie. Aber unsere Erziehung und eigene Erfahrungen führen uns zu der Einsicht, dass wir im wirklichen Leben nicht ohne weiteres die Früchte unserer eigenen Brillanz ernten dürfen – es gibt einfach zu viele Mitbewerber um die Spitzenpositionen. Also finden wir eine kluge und listige Lösung – wir drehen das Ganze ein wenig herum und machen unser ideales Selbst, das uns mit soviel Genugtuung erfüllt, zum Objekt, indem wir es im Kleid der dritten Person Singular verstecken und darüber schreiben. Hunderte unserer Mitmenschen, die sich insgeheim in ähnlichen Tagträumen ergehen, erkennen sich in unseren Figuren und erfreuen sich an unseren Erzählungen, wann immer sie selbst zu müde oder zu ernüchtert sind, um sich selbst in solch prunkvolle Gewänder hineinzuträumen. (Gott sei Dank ist dies nicht der einzige Grund, warum Bücher gelesen werden, aber zweifellos ist es der häufigste.)

Die kleinen Brontës mit ihrem Königreich Gondaland, die Alcotts, der junge Robert Browning und H. G. Wells führten alle als Kinder ein intensives Tagtraumleben, das in späteren Jahren eine andere Form annahm, und Hunderte von Autoren blicken auf eine gleichermaßen träumerische Jugend zurück. Aber es gibt wahrscheinlich unzählige Schriftsteller, die diese Neigung nicht ins Erwachsenenalter hinüberretten können. Sie sind entweder zu schüchtern, zu bescheiden oder betrachten die Inhalte ihrer Tagträume zu sehr als etwas, das nur sie persönlich angeht. Normalerweise entstehen unsere ersten Geschichten schon weit vor dem Zeitpunkt, an dem wir mühsam lernen, Wörter zu schreiben. Unser gesprächiges Unbewusstes sperrt sich jedoch dagegen, seine Geschichten in Schriftform herauszulassen.

Mühelos schreiben

Beim Schreiben werden bis dahin wenig gebrauchte Muskeln eingesetzt, und es verlangt Alleinsein und Beständigkeit. Oft wird behauptet, dass jemand, der Literatur schreiben möchte, keinen Nutzen aus einer journalistischen Ausbildung zieht. Aber es gibt zwei Dinge, die auch jeder Schriftsteller lernen muss und die er vom Journalistenberuf lernen kann: dass man über viele Stunden hinweg schreiben kann, ohne erschöpft den Griffel fallen zu lassen, und dass sich, wenn man die ersten Ermüdungserscheinungen überwindet, plötzlich eine unerwartete Energiereserve in einem selbst auftut.

Seit den Zeiten von Federn und Füllhaltern hat sich das Schreiben ziemlich verändert. Auch wenn Maschinen viele Vorteile haben, Tippen ist anstrengend. Jeder Autor kann davon erzählen wie steif und verkrampft die Schultern nach längerem Schreiben sind, abgesehen davon dass das Geräusch der Tasten möglicherweise ablenkt. Wenn Sie also die Möglichkeiten Ihres Unbewussten voll ausschöpfen möchten, indem Sie jederzeit leicht und flüssig mitschreiben, wenn es gerade aktiv ist, müssen Sie zunächst ihren *Körper* trainieren.

Am besten stehen Sie dazu eine halbe oder eine Stunde früher als gewohnt auf. Beginnen Sie sobald wie möglich, ohne sich vorher zu unterhalten und ohne die Zeitung zu lesen oder das Buch auf Ihrem Nachttisch zur Hand zu nehmen, mit dem Schreiben.

Schreiben Sie alles auf, was Ihnen durch den Kopf geht – was Sie in der Nacht geträumt haben, wenn Sie sich noch daran erinnern, ein Gespräch, sei es real oder ausgedacht, oder eine Befragung Ihres Gewissens zu irgendeiner Angelegenheit. Schreiben Sie zügig und ohne den Inhalt zu bewerten eine morgendliche Träumerei auf. Ob das, was Sie schreiben, hervorragend oder überhaupt von Wert ist, spielt hier keine Rolle. Sie werden zwar später feststellen, dass das Geschriebene besser als erwartet ist, aber Ihre Aufgabe besteht im Moment nicht darin, unsterbliche Literatur zu produzieren, sondern einfach etwas zu schreiben, das nicht absolut sinnlos ist.

Halten wir also fest: Sie trainieren in diesem Stadium zwischen Schlaf und Wachzustand lediglich ihre Fähigkeit, *überhaupt* zu schreiben. Für den Erfolg dieses Trainings ist es unbedeutend, ob Ihre Texte geschlossen wirken, Ihre Gedanken vage oder brillant oder Ihre Ideen nebulös sind. Vergessen Sie den inneren Kritiker in sich. Niemand wird das Geschriebene je zu Gesicht bekommen, es sei denn, Sie selbst möchten das. Wenn Sie wollen, können Sie die Übung mit einem Notizbuch im Bett machen. Schreiben Sie, solange Sie Zeit haben, oder bis Sie das Gefühl haben, Ihren Kopf gründlich entleert zu haben.

Am nächsten Morgen wiederholen Sie die Prozedur – *ohne zu lesen, was Sie am Vortag geschrieben haben*. Denn Sie sollen ja mit dem Schreiben beginnen, ohne vorher irgend etwas anderes gelesen zu haben. Warum diese Voraussetzung unbedingt erfüllt sein muss, werden Sie später erkennen. Im Augenblick genügt es, wenn Sie sich einfach daran halten.

Verdoppeln Sie Ihr Arbeitspensum

Nach einem oder zwei Tagen wissen Sie, wie viele Wörter Sie mühelos schreiben können. Erweitern Sie diese Grenze nun immer mehr, zuerst um ein paar Sätze, dann um einen, um zwei, um drei ... Absätze bis Sie irgendwann doppelt soviel zu Papier bringen wie am ersten Morgen.

Schon nach kurzer Zeit sehen sie die ersten Erfolge dieser Übung. Das Schreiben wird Ihnen nicht mehr mühsam oder schleppend erscheinen. Sie werden feststellen, dass ein aufgeschriebener Tagtraum Ihnen ebenso viel, oder sogar viel mehr bringt als einer, der sich nur stumm in Ihrem Kopf abspielt. Wenn es Ihnen in Fleisch und Blut übergegangen ist, nach dem Aufwachen sofort nach dem Stift zu greifen und zu schreiben, sind Sie soweit, dass Sie mit dem zweiten Schritt der Übung beginnen können. Schließen Sie das, was Sie bisher geschrieben haben weg, damit Sie nicht in Versuchung geraten es zu lesen, aber bewahren Sie es unbedingt auf, denn es wird Ihnen noch von großem Nutzen sein.

Bei der nächsten Übung können Sie Ihr Arbeitspensum wieder auf ein bequemes Maß drosseln (allerdings sollte es schon über dem des ersten Morgens liegen). Beobachten Sie sich genau: Ertappen Sie sich zu irgendeinem Zeitpunkt wieder bei Tagträumen, die allein in Ihrem Kopf stattfinden, müssen Sie sich zum Schreiben disziplinieren. Das gilt für Ihr ganzes künftiges Leben als Schriftsteller. Immer wenn Sie sich in den Tälern geistiger Leere befinden, die auch die leichthändigsten Schriftsteller von Zeit zu Zeit durchwandern, legen Sie sich wieder Ihren Bleistift und Ihr Notizbuch auf den Nachttisch, und beginnen Sie gleich morgens mit dem Schreiben.

~ Sechs ~

Feste Arbeitszeiten

Haben Sie die Empfehlungen aus dem vorangegangenen Kapitel beherzigt, stellen Sie nun langsam fest, dass Sie zu einem *echten* Schriftsteller avancieren. Sie haben es sich zur Angewohnheit gemacht, die Ereignisse des Tages in Worte zu fassen und Begebenheiten, die Ihnen widerfahren, nach ihrem literarischen Potential zu beurteilen. Sie werden das Rohmaterial Leben viel häufiger in Erzählungen umwandeln als zuvor, als das Schreiben lediglich eine sporadische Laune war, die sich hin und wieder unerwartet an die Oberfläche gekämpft hat, oder der Sie nur dann gefolgt sind, wenn Sie das Gefühl hatten, eine fertige Geschichte ganz klar im Kopf zu haben.

Wenn Sie diese Stufe erreicht haben, können Sie zum nächsten Schritt übergehen. Sie werden sich nun selbst dazu bringen, zu einer vorher festgelegten Tageszeit zu schreiben. Und das geht so:

Rahmenbedingungen

Nachdem Sie sich morgens angezogen haben, setzen Sie sich einen Augenblick hin und lassen sich den vor Ihnen liegenden Tag durch den Kopf gehen. Normalerweise haben Sie einen recht guten Überblick über das, was Sie an Pflichten und Möglichkeiten erwartet. Zumindest können Sie ungefähr absehen, wann Sie Zeit für sich selbst haben. Es müssen keine Stunden sein - fünfzehn Minuten reichen vollkommen, und die kann eigentlich fast jeder, auch ein stark beschäftigter Brotverdiener, entbehren, wenn er ernsthaft vorhat zu schreiben. Entscheiden Sie also selbst, wann Sie sich diese Viertelstunde Zeit nehmen, denn Sie werden sie ausschließlich mit Schreiben zubringen. Wenn Sie zum Beispiel gegen drei Uhr dreißig mit der Arbeit fertig sind, können Sie wahrscheinlich die Zeit von vier Uhr bis viertel nach vier Uhr für sich einplanen.

Also werden Sie sich - nachdem Sie einmal beschlossen haben, dass Sie die Freiheit haben, zu tun, was Ihnen gefällt oder was Sie tun müssen - egal was kommt, um vier Uhr hinsetzen, um zu schreiben, und bis vier Uhr fünfzehn strikt durchhalten.

Sie haben Ihr Ehrenwort!

Ganz wichtig ist folgende Maxime:
Wenn Sie einmal beschlossen haben, um vier Uhr zu schreiben, dann müssen Sie sich auch daran halten. Keine Ausflüchte!

Sind Sie um vier Uhr gerade in ein Gespräch vertieft, müssen Sie sich entschuldigen und aufstehen. Sie haben sich Ihr Ehrenwort gegeben und müssen dazu stehen. Selbst wenn Sie Ihre Freunde damit vor den Kopf stoßen, bleiben Sie fest. Sie werden mit der Zeit dafür sorgen, nicht mehr in solch unangenehme Situationen zu geraten und die nötigen Vorkehrungen treffen. Selbst wenn der einzige Raum, in dem Sie allein sein können, das Bad ist, dann lehnen Sie sich dort an die Wand, und schreiben Sie im Stehen. Schreiben Sie, wie bei der Morgenübung, alles auf, was Ihnen in den Sinn kommt - Bedeutungsvolles und Unsinniges, Scherzgedichte oder Balladen. Schreiben Sie auf, was Sie von Ihrem Chef, von Ihrer Kollegin oder von Ihrem Dozenten halten. Machen Sie einen Rohentwurf zu einer Erzählung, oder halten Sie Gesprächsinhalte in Stichworten fest. Beschreiben Sie jemanden, der Ihnen vor kurzem aufgefallen ist. Egal, wie stockend oder nichtssagend – schreiben Sie! Und wenn Ihnen gar nichts einfällt, dann schreiben Sie eben: »Diese Übung bereitet mir erstaunliche Schwierigkeiten«, und führen Sie aus, worauf Sie das zurückführen. Lassen Sie sich jeden Tag neue Gründe dafür einfallen, bis sie nichts mehr mit den wirklichen Ursachen zu tun haben.

Die Übung wird ausgedehnt

Haben Sie sich daran gewöhnt, zu bestimmten Zeiten zu schreiben, werden Sie als nächstes dazu übergehen, die Übung jeden Tag zu einer *anderen* Uhrzeit zu beginnen. Versuchen Sie es einmal mit elf Uhr oder kurz vor oder nach dem Mittagessen. Ein anderes Mal versprechen Sie sich, eine Viertelstunde zu schreiben, bevor Sie abends von der Arbeit nach Hause gehen oder vor dem Abendessen. Wichtig ist dabei, dass Sie sich *strikt* an die festgelegte Zeit halten. Sie werden schreiben, *auf die Minute genau*, und keine Entschuldigung der Welt wird Sie davon abhalten.

Während Sie diese Empfehlungen lesen, fragen Sie sich wahrscheinlich, warum ich so großen Wert darauf lege. Wenn Sie aber nach der Lektüre dieses Buches mit der praktischen Arbeit beginnen, werden Sie es verstehen: Ich möchte Ihnen helfen, die inneren Widerstände zu überwinden, die Sie vom Schreiben abhalten und die sich jetzt noch deutlicher zeigen werden, als bei den vorangegangenen Übungen. Denn das Unbewusste verabscheut Disziplin. Es wehrt sich gegen alles, was mit Regeln und Pflichten zu tun hat, bis man es daran gewöhnt hat. Es ist nicht flexibel und findet immer den bequemsten Weg, das zu bekommen, was es will. Es bestimmt am liebsten selbst, wann und zu welchen Anlässen es mitspielen will. Der »gesunde Menschenverstand« wird Ihnen dazu Unmengen »vernünftiger« Gründe liefern, warum es überflüssig ist, sich an die festen Zeiten zu halten: Ist es denn so wichtig, ob ich von 4.00 Uhr bis 4.15 Uhr oder von 4.05 Uhr bis 4.20 Uhr schreibe? Wenn ich mich jetzt von der Gesprächsrunde verabschiede, wird man mich bestimmt fragen, warum ich schon gehe – da könnte ich doch ebenso gut mit dem Schreiben warten, bis sich die Runde von selbst aufgelöst hat? Oder: Woher hätte ich morgens wissen sollen, dass ich im Büro so starke Kopfschmerzen bekommen würde, und was kann ich in dem Zustand schon zu Papier bringen?

Und jede Menge Ausflüchte mehr. Sie müssen lernen, solche Schlupflöcher, in die das Unbewusste Sie locken möchte, zu ignorieren. Weigern Sie sich konsequent und hartnäckig, sich verführen zu lassen – es lohnt sich. Dann wird sich das Unbewusste plötzlich gutwillig zeigen, sich Ihrem Willen fügen und schreiben, wann Sie es wünschen.

Wenn Sie hier scheitern, dann lassen Sie es ganz

Und jetzt, an dieser Stelle, möchte ich ein paar ernste Worte der Warnung aussprechen: *Wenn Sie an dieser Übung wiederholt scheitern, sollten Sie Ihre schriftstellerischen Ambitionen tatsächlich aufgeben. Ihr innerer Widerstand ist dann einfach größer als Ihr Wunsch zu schreiben. Suchen Sie für Ihre schöpferischen Energien eher früher als später andere Wege.*

Die beiden seltsam anmutenden und entscheidenden Pflichtübungen – das morgendliche und das geplante Schreiben – sollten Sie solange durchführen, bis Sie flüssig schreiben, und zwar wann immer Sie wollen.

~ *Sieben* ~

Erste Bestandsaufnahme

Ist Ihnen sowohl das morgendliche Schreiben wie auch das Schreiben nach Stundenplan in Fleisch und Blut übergegangen, sind Sie Ihrem Ziel, Schriftsteller zu werden, ein beträchtliches Stück nähergekommen: Zum einen schreiben Sie nun flüssiger, und zum anderen haben Sie sich selbst besser im Griff. Wahrscheinlich wissen Sie auch sehr viel mehr über sich selbst als zu Beginn der Übungen. Zumindest können Sie sagen, was Ihnen leichter fällt, die Wörter frei fließen zu lassen oder mit dem Schreiben zu vorgegebener Stunde zu beginnen. Vielleicht haben Sie jetzt wenigstens die Gewissheit, dass man schreiben kann, wenn man wirklich will, und dass niemand zu beschäftigt ist, um nicht eine freie Minute dafür zu finden. Außerdem wird es Ihnen nun, da Sie in sich selbst eine unerschöpfliche Quelle an Geschichten entdeckt haben, nicht mehr ganz so unbegreiflich erscheinen, wie Schriftsteller es schaffen, ein Buch nach dem anderen herauszubringen. Auch Ihr Körper sollte sich inzwischen soweit ans Schreiben gewöhnt haben, dass es Ihnen leichter von der Hand geht. Und Ihre Vorstellung vom Schriftstellerdasein ist nun wahrscheinlich auch realistischer als zuvor, was ebenfalls ein Fortschritt ist.

Deshalb ist es Zeit, sich und Ihre Schwierigkeiten objektiv zu betrachten. Wenn Sie die Übungen wirklich beherzigt haben, sollten Sie inzwischen genügend Texte produziert haben, um sie einer ersten Begutachtung zu unterziehen.

Lesen Sie Ihre Texte kritisch

Bisher war es für die Übung besser, der Versuchung zu widerstehen, Ihre Texte gleich anschließend zu lesen. Wenn man gerade lernt, in jeder Situation flüssig zu schreiben, ist es besser, so selten wie möglich einen kritischen Blick darauf zu tun - nicht einmal zum Zwecke einer flüchtigen Bestandsaufnahme. Schließlich ging es bei den Übungen nicht darum, Brillantes oder Banales niederzuschreiben. Aber nun, da Sie im Nachhinein einen distanzierten Blick auf Ihre Texte werfen dürfen, werden sie das Ergebnis sicher sehr aufschlussreich finden.

Die Fallstricke des Plagiats

Bestimmt erinnern Sie sich, dass ich Ihnen empfohlen hatte, vor der Morgenübung weder zu lesen noch mit jemandem zu sprechen. Und zwar aus folgendem Grund: Wir alle sind in unserem Alltag von so vielen Wörtern umgeben, dass es uns, wenn wir nicht über eine lange Lebenserfahrung verfügen, schwer fällt, unseren eigenen Sprachrhythmus und das, was uns wirklich thematisch berührt, zu entdecken. Empfindsame Menschen - und wer Schriftsteller werden will, ist empfindsam - lassen sich leicht beeinflussen. Das tut ihnen nicht unbedingt gut, denn sie unterliegen schnell, wenn auch unabsichtlich, der Versuchung, einen anerkannten Autor zu kopieren. Das kann ein Meister des Wortes sein oder (und das ist leider häufiger der Fall) ein Schriftsteller, der gerade in Mode ist. Wer selbst noch keine Schreibkurse geleitet hat, kann sich nicht vorstellen, wie oft man von seinen Schülern Sätze wie: »Oh, mir ging gerade eine ganz tolle Erzählung von William Faulkner im Kopf herum!« Oder, noch ehrgeiziger: »Ich schätze, ich kann da eine echte Virginia-Woolf-Story draus machen.« Besteht man dann als Kreativ-Schreiben-Dozent darauf, der Schüler solle doch eine eigene Geschichte schreiben, wird man entweder für einen Pedanten gehalten, oder die Schüler beginnen offen mit einem zu streiten. Das liegt wohl daran, dass die Neigung zum Kopieren bei unseren Nachwuchsautoren so verbreitet ist, dass sie glauben, das Imitieren sowohl des Stils eines bekannten Autors als auch seiner geistigen Haltung und seiner Erzählform würde aus ihnen ebenfalls originelle Schriftsteller machen. Weil die Männer und Frauen, die diesen Schülern zum Vorbild dienen, sich aus einer großen angeborenen Begabung heraus entwickeln, befinden sie sich natürlich in einem fortlaufenden Prozess des Wachstums und des Wandels. Stil und Aufbau ändern sich bei ihnen ständig, und den armen Nachahmern bleibt dann nichts anderes übrig, als immerzu eigentlich bereits Veraltetes zu kopieren.

Entdecken Sie, wo Ihre eigene Stärke liegt

Am besten entkommt man der Gefahr, andere nachzuahmen, indem man so früh wie möglich seinen *eigenen* Stil und seine *eigene* Stärke entdeckt. Den vielen beschriebenen Seiten aus der Zeit, in der Sie sich ans Schreiben gewöhnt haben, können Sie dazu wertvolle Hinweise dazu entnehmen. Worüber schreiben Sie, wenn Sie einfach das herauslassen, was Ihnen im Kopf herumgeht? Versuchen Sie, die Texte so zu lesen, als hätte ein Fremder sie verfasst, und finden Sie heraus, welche Vorlieben und Begabungen dieser Autor haben könnte. Schieben Sie alle vorgefassten Meinungen zu Ihrer Arbeit beiseite, und lassen Sie alle Ziele, Hoffnungen und Befürchtungen, die Sie vielleicht vorher hatten, außer acht. Überlegen Sie einfach, was Sie diesem Fremden raten würden, wenn er Sie fragen würde, was das richtige Genre für ihn sein könnte. Beantworten Sie diese Frage, indem Sie das Geschriebene nach sich wiederholenden Gedanken und Ausdrucksformen durchforsten. Daran können Sie erkennen, welche Gabe Ihnen in die Wiege gelegt ist, egal, ob Sie sich später darauf spezialisieren oder nicht. Schließlich gibt es keinen Grund, warum Sie in anderen Bereichen nicht genauso erfolgreich sein könnten. Aber auf diese Weise werden Sie herausfinden, wo Ihre stärkste und produktivste Ader liegt.

Meine Erfahrung hat gezeigt, dass in Schülern, die morgens den Traum der vergangenen Nacht aufschreiben, die den Vortag idealisieren oder ganze Anekdoten oder pointierte Dialoge zu Papier bringen, wahrscheinlich Autoren von Kurzgeschichten stecken. Dasselbe gilt für jene, die vorrangig Figuren mit universellen oder gar außergewöhnlichen Eigenschaften porträtieren. Der spätere Romanautor nimmt hingegen von Beginn an subtile Charakteranalysen vor, führt mögliche Motive an, hinterfragt sich selbst (statt sich zu idealisieren) und konfrontiert gegensätzliche Figuren mit dem selben Problem. Im Notizbuch des späteren Essayisten finden sich skizzenhaft angerissene, grüblerische Selbstbetrachtungen oder Spekulationen. Wird diesen noch etwas Dramatik beigemischt und wird eine abstrakte Behauptung anhand verschiedener Figuren, die diese Behauptung stützen, detailliert belegt, handelt es sich vermutlich um einen künftigen Romancier.

An dieser Stelle werden in einem Seminar häufig enorme Energien freigesetzt. Wissen die Schüler, welches Potential in dem steckt, was sie fast mühelos zu Papier gebracht haben, widmen sie sich häufig einer Aufgabe, die sie als »Freizeitbeschäftigung« betrachten, und nehmen ihre Schwierigkeiten in ihren »Arbeitsstunden« in Angriff. Die Manuskripte, die dabei spontan entstehen, sind meist sehr interessant, und mit ein wenig

Feinschliff lassen sich daraus richtig gute Texte machen. Oft verlieren sich die Schüler zwar noch in Details und schweifen vom Pfad ab, aber das Geschriebene überzeugt insgesamt durch einen sehr ungezwungenen und klar erkennbaren Stil. Wenn Sie an diesem Punkt angelangt sind, werden auch Sie feststellen, dass Ihre Arbeiten bereits wesentlich flüssiger und weniger holprig sind, weil Sie nun Ihr eigenes Tempo und Ihren eigenen Rhythmus gefunden haben und wissen, welche Themen Sie wirklich im Innersten berühren.

Wenn Sie selbst unterrichten

An dieser Stelle möchte ich eine Randbemerkung einfügen, die sich nicht an Lernende, sondern an Lehrende richtet: Ich bin der Meinung, dass die gängige Praxis, Schülerarbeiten vor versammelter Mannschaft vorzulesen, großen Schaden anrichtet. Er verringert sich auch nicht dadurch, dass man es tut, ohne den Namen des Verfassers zu nennen. Das Urteil anderer hat für die Schüler viel zuviel Gewicht, als dass sie es mit Gleichmut hinnehmen könnten, und sensible Menschen kann es aus der Bahn werfen, ganz unabhängig davon, ob die Reaktionen der Mitschüler positiv oder negativ ausfallen. Wenn ein Anfänger von einer Jury, die ebenfalls aus lauter Anfängern besteht, bewertet wird, kommt es sowieso ausgesprochen selten vor, dass das Urteil positiv ausfällt. Denn obwohl die Juroren das Handwerk selber keineswegs perfekt beherrschen, sind sie bestrebt, zu demonstrieren, wie sehr sie in der Lage sind, alle Mängel in einer anderen Arbeit aufzuspüren, und werden wie die Hyänen über den Text herfallen. Bis ein Schüler also genug Selbstsicherheit entwickelt hat und selbst um öffentliche Kritik bittet, sollten seine Arbeiten vom Dozenten streng vertraulich behandelt werden. Jeder entfaltet sich in seinem eigenen Tempo, und das geht nur, wenn er in seinem Wachstum nicht permanent durch peinliche Situationen und Selbstzweifel zurückgeworfen wird. Ich empfehle meinen Schülern, auch wenn das fast schon gegen die Natur des Menschen ist, sich zumindest, was ihre derzeitige Arbeit angeht, in absolutes Stillschweigen zu hüllen. Mitunter habe ich von meinen besten Schülern wochenlang gar nichts zu lesen bekommen, um danach gleich drei oder vier fertige Manuskripte von ihnen zu erhalten. Außer, dass ich darauf bestehe, dass jeder Schüler die Übungen beherzigt, die ich vorschlage, stelle ich keine Aufgaben, egal, ob mir das Tagewerk gezeigt wird oder nicht.

~ Acht ~

Kritische Betrachtung der eigenen Arbeit

Sie wissen nun ungefähr, was für ein Schriftsteller Sie sind. Ihr Selbstbild ist noch etwas verzerrt, weil Sie sich in einigen Bereichen eher unter-, in anderen dafür überschätzen, aber es ähnelt dem Schriftsteller, der Sie am Ende sein werden. Zumindest wissen Sie, was Ihnen dabei hilft, besser zu schreiben, wie Sie sich Freiräume im Alltag schaffen können und unter welchen Bedingungen sich der Wunsch zu schreiben ganz natürlich einstellt. Darum ist es jetzt an der Zeit, Ihr nüchternes Selbst auf den Plan zu rufen, damit es seinen Beitrag zu Ihrer Arbeit leisten kann. (Als Sie Ihre Texte nach Ihren besonderen Begabungen untersucht haben, war es auch schon am Rande aktiv.) Sobald Sie genug geschrieben haben, womit Sie es füttern können, wird es Ihnen in vieler Hinsicht nützen. Fragen Sie es jedoch zu früh um Rat, steht es Ihnen mehr im Wege, als es Sie weiterbringt.

Versetzen Sie sich also in die Lage eines Lesers, der all die vollgeschriebenen Seiten und Notizbücher mit kritischem Verstand beurteilen soll. Wenn Sie den Empfehlungen im letzten Kapitel gefolgt sind, haben Sie herausgefunden, in welche Richtung Ihre Arbeiten grundsätzlich tendieren. Nun ist es an der

Zeit, das, was Sie geschrieben haben, genauer unter die Lupe zu nehmen. Während Sie Ihrem Unbewussten beigebracht haben, in jedem freien Moment Wörter aufs Papier fließen zu lassen, hat Ihr Alltagsselbst still daneben gestanden. Sie werden jetzt feststellen, dass es dabei keineswegs geschlafen, sondern durchaus Erfolge und Fehlschläge mitverfolgt hat, und nun bereit steht, um Ihnen Vorschläge zu machen.

Der kritische Dialog

Im folgenden finden Sie einige Selbstgespräche in überspitzter Form, die Sie so antagonistisch natürlich nie führen würden. Aber so könnte die Kommunikation zwischen den beiden Seiten Ihres Selbst etwa aussehen.

»Weißt du, ich finde, du schreibst sehr gute Dialoge«, sagt das nüchterne Selbst.» Offenbar hast du ein gutes Gehör. Aber die Passagen, in denen du Situationen beschreibst, sind nicht so berauschend. Die wirken irgendwie gespreizt.«

Das angeklagte Unbewusste wird nun wahrscheinlich etwas davon murmeln, dass es gerne Dialoge schreibt, sich aber unwohl fühlt, wenn es irgend etwas ohne Gänsefüßchen beschreiben soll.

»Natürlich schreibst du gerne Dialoge, eben *weil* du es so gut kannst«, müssen Sie nun antworten. »Aber ist dir nicht klar, dass deine Erzählung nicht überzeugend wirkt, wenn du die Übergänge von einem Abschnitt zum nächsten nicht fließend hinkriegst? Entscheide dich langsam mal, ob du nun erzählen willst oder lieber Theaterstücke schreiben möchtest. Egal wie deine Wahl ausfällt – du hast auf jeden Fall noch ein gutes Stück Arbeit vor dir.«

»Was meinst du denn, wofür ich mich entscheiden sollte? Die Frage gehört doch ebenso in dein Ressort, oder nicht?«

»Na ja, ich würde mehr zum Erzählen tendieren. Bisher scheinen dich dramatische und optische Effekte oder mit visuellen Mitteln erzielte Pointen jedenfalls nicht sonderlich zu interessieren. Deine Figuren entfalten sich langsam und mit Hilfe von Dialogen. Wenn du alle Zeit und alles Papier der Welt hättest, würde es dir wahrscheinlich irgendwann gelingen, deine Botschaft mit Dialogen rüberzubringen, aber der dafür benötigte Platz muss schließlich im Verhältnis zur Wirkung stehen. Da wirst du wohl oder übel Teile deiner Geschichte einfach geradeheraus erzählen müssen. Also, alles in allem bin ich dafür, dass wir lieber an deinen Schwachstellen arbeiten. Vielleicht liest du mal E. M. Forster, wenn du Zeit hast. Bei dem reiht sich ein Punkt ganz mühelos an den anderen. In der Zwischenzeit kannst du dir ja folgende Passage von Edith Wharton zu Gemüte führen:

»Der Dialog gehört zu den wenigen Dingen, für die in der erzählenden Literatur recht strikte Regeln gelten. Er sollte den besonders dichten Momenten vorbehalten sein und den Leser wie die Gischt einer großen Welle, die ihm entgegenrollt, besprühen. Dieses Anschwellen und Brechen der Welle, das Glitzern der Gischt, ja, sogar die bloße Ansicht der in kurze, unregelmäßige Textfragmente aufgeteilten Seite – all das verstärkt den Kontrast zwischen solchen Höhepunkten und dem sanften, zurückhaltenden Dahingleiten der erzählenden Passagen. Außerdem kommt in diesem Kontrast auch zur Geltung, wie unterschiedlich lang die Zeiträume sein können, die ein Text abdeckt, obwohl der Schriftsteller gleich lang daran gearbeitet hat. Darum dient der sparsame Einsatz von Dialogen in einer Erzählung nicht nur dem Hervorheben von Höhepunkten, sondern unterstreicht auch den Eindruck fortlaufender Entwicklung.«

Vielleicht wird die Untersuchung auch bloß eine kleine Stilfrage zutage fördern. Dann könnten Sie in etwa folgendes zu sich sagen: »Hast du übrigens schon bemerkt, dass du das Wort bunt ein wenig überstrapazierst? Jedes Mal, wenn du's zu eilig hast, um nach dem treffenden Wort zu suchen, kommst du mit bunt daher. Das Wort hängt einem schon zum Halse heraus. Das ist wirklich Schlamperei von dir! Erstens ist der Begriff viel zu allgemein, als dass du damit das ausdrücken könntest, was du eigentlich meinst, und zweitens ist es im Moment das Lieblingswort aller Werbetexter im Lande. Also lass die Finger von dem Wort, zumindest vorläufig.«

Bleiben Sie konkret

Obwohl Sie in Ihrem Selbstgespräch wahrscheinlich nicht ganz so direkt sein werden, rate ich Ihnen, Ihr künstlerisches Selbst wirklich als eigenständige Person anzusprechen, genau zu sagen, was Sie stört, und möglichst konkrete Lösungsvorschläge zu machen. So behalten Sie die einzelnen Punkte leichter im Gedächtnis und sehen die Mängel deutlich genug, um sie auch wirklich beheben zu wollen. Ist Ihnen das alles zu mühsam, sollten Sie sich eingestehen, dass Sie sich Ihrem Wunschberuf nicht mit der erforderlichen Ernsthaftigkeit widmen. Legen Sie Ihren Finger auf jede Schwachstelle und erarbeiten Sie klare Gegenmaßnahmen. Wenn Sie fürchten, dass es weitere Mängel geben könnte, die Sie aus irgendwelchen Gründen übersehen, dann zeigen Sie Ihre Arbeit jemandem, dessen Geschmack und Urteilsvermögen Sie vertrauen. Oft sind Leute ohne literarische Vorbildung ebenso gut in der Lage, stilistische Sünden auf den ersten Blick zu erkennen, wie ein Schriftsteller, ein Lektor oder ein Dozent. Nehmen Sie fremde Hilfe jedoch erst dann in Anspruch, wenn Sie Ihre eigenen Möglichkeiten wirklich ganz ausgeschöpft haben. Schließlich sind es auf lange Sicht *Ihr* Geschmack und *Ihr* Urteilsvermögen, die Ihnen über die Stolpersteine hinweghelfen müssen, und je eher Sie sich dazu bringen, alle Rollen in Ihrer Schriftstellerpersönlichkeit zu vereinen, um so besser werden Sie vorankommen.

Nach kritischer Betrachtung: Die Korrektur

Widmen Sie sich mit Nachdruck allem, was Ihnen noch zweifelhaft erscheint. Schreiben Sie zu viele kurze Aussagesätze, oder benutzen Sie das Ausrufezeichen zu häufig? Ist Ihr Wortschatz nuancenreich oder eher schlicht? Sind Sie so reserviert, dass Sie über gefühlsbeladene Szenen gerne flüchtig hinweggehen, so dass der Leser nicht mehr verstehen kann, worum es Ihnen eigentlich geht? Sind Ihre Texte so voller Blut und Säbelrasseln, dass sie unglaubwürdig erscheinen?

Wenn Sie zum Beispiel zu reserviert sind, sollten Sie einen zeitgenössischen Autor, der drastisch formuliert, lesen. Allerdings kann das auch ins Gegenteil umschlagen. Im Grunde müssen Sie lernen, Ihre eigene Diagnose zu stellen und selbst herauszufinden, welche Medizin für Sie die richtige ist. Lesen Sie die Ihnen vom Temperament her entgegengesetzten Autoren mit Respekt, und versuchen Sie, deren wirkliche Stärken zu sehen. Während Sie Ihre stilistische Kur durchführen, müssen Sie absolut hart zu sich selbst sein, und die Finger von Büchern lassen, die Sie sonst mit Vorliebe lesen.

Was wirkt sich günstig aus?

Versuchen Sie als Nächstes herauszufinden, ob und wie sich der Vortag auf die Qualität Ihrer morgendlichen Arbeit auswirkt. Schreiben Sie besser, wenn der Vortag sehr geschäftig war oder eher ruhig verlaufen ist? Fiel Ihnen das Schreiben nach langem oder kurzem Schlaf leichter? Haben Sie beobachtet, dass Sie, nachdem Sie sich mit einem bestimmten Bekannten getroffen haben, regelmäßig lebendiger oder eher eintöniger schreiben? Wie sieht es aus, wenn Sie am Vorabend im Theater, auf einer Kunstausstellung oder im Ballett waren? Merken Sie sich die Situationen, die Sie zu guter Arbeit inspirieren, und versuchen Sie, solche Bedingungen zu schaffen.

Selbstauferlegte Regeln

Schenken Sie nun Ihrem Tagesablauf etwas Beachtung. Die meisten erfolgreichen Schriftsteller führen ein sehr geregeltes Leben, und nehmen sich ab und zu frei, um sich zu amüsieren. Hier geht es um ganz grundlegende Dinge des Alltags, wie zum Beispiel um Lebensmittel, die Ihnen gut tun, und solche, die Sie lieber vermeiden sollten. Wenn Sie vorhaben, den Rest Ihres Lebens dem Schreiben zu widmen, versteht es sich von selbst, dass Sie lernen müssen, ohne den ständigen Einsatz von Stimulanzien zu arbeiten. Finden Sie also heraus, bei welchen es Ihnen gelingt, maßvoll zu bleiben, und auf welche Sie lieber ganz verzichten. Vermeiden Sie unregelmäßige, heftige Schreibschübe, streben Sie einen beständigen, zufriedenstellenden Arbeitsfluss an, der hin und wieder Hochwasser führen darf, aber nie unter einen bestimmten Normalpegel fallen sollte. Wenn Sie alle zwei, drei Monate, mindestens aber zweimal im Jahr, eine ehrliche Inventur bei sich durchführen, dann werden Sie immer in der Lage bleiben, das Beste zu geben.

Bei dieser Inventur sollten Sie sich fragen, ob Sie Ihrer unbewussten Seite zuviel Mitspracherecht im Alltag einräumen. Ertappen Sie sich dabei, in Situationen, in denen ein Unbeteiligter von Ihnen einen klaren Kopf und ein vernünftiges Urteil erwarten würde, emotional und starrsinnig zu reagieren? Stehen Sie sich selbst im Weg, indem Sie feindselig, neidisch oder schnell niedergeschlagen sind? All diese Dinge sollten Sie in Ruhe klären, denn Feindseligkeit, Neid oder Niedergeschlagenheit sind bestens dazu geeignet, die Quelle, aus der Sie Ihre Arbeit schöpfen, zu verseuchen, und je früher Sie gegen noch so geringe Spuren solcher Gefühle angehen, um so besser werden Sie schreiben.

Wenn Sie also mit sich selbst in Klausur gehen, dann tun Sie dies bitte gründlich. Analysieren Sie sich nur ab und zu, aber wenn, dann richtig. Sie sollten auch nicht allzu streng mit sich sein, sondern fair. Sich rundum selbst zu verurteilen, ist ebenso wenig hilfreich, wie unkritisch und selbstherrlich zu sein. Wenn Sie in einem Bereich besonders gut sind, erkennen Sie das an, und ermutigen Sie sich ruhig selbst. Setzen Sie Ihre eigenen Stärken als Standard für Ihre Arbeit fest, und versuchen Sie, damit auch auf anderen Gebieten erfolgreich zu sein.

Nach jeder Inventur werden Sie feststellen, dass Ihr Selbstbild mit all seinen Schwächen und Stärken klarer wird. Am Anfang werden Sie einige Punkte sehr stark wahrnehmen. Später werden Sie selbst überrascht sein, wie Sie ähnlich wichtige Aspekte übersehen konnten. Aber Sie werden mit der Zeit lernen, Ihre Fortschritte mit gleichermaßen wohlwollenden wie kritischen Augen zu betrachten, und zu erkennen, welche Maßnahmen Sie Ihrem Ziel näher bringen.

Also noch einmal: Verfolgen Sie sich nicht selbst mit ständigem Negativsuggestionen und Selbstanklagen. Wenn Sie das Gefühl haben, es sei wieder Zeit für eine Inventur, dann beschränken Sie diese auf eine Stunde. Gehen Sie gründlich vor, und halten Sie sich an Ihre Verbesserungsvorschläge. Verzichten Sie auf weitere Selbstbetrachtungen, bis die nächste Inventur fällig ist.

∼ Neun ∼

Mit den Augen eines Schriftstellers lesen

Damit die Überarbeitung nach einer Inventur so viel wie möglich bringt, sollten Sie zu einer weiteren kleine Anstrengung bereit sein: Lernen Sie wie ein Schriftsteller zu *lesen*. Jeder, der sich für das literarische Schreiben interessiert, betrachtet ein Buch nicht als bloße Unterhaltung, sondern als ein besonderes, einmaliges Werk. Um von ihm wirklich zu profitieren heißt auch, danach zu fragen, was es Ihnen geben kann, um Ihre eigene Arbeit zu verbessern.

Die meisten Menschen, die gerne Schriftsteller werden möchten, sind wahre Leseratten, und viele sind regelrecht besessen von Büchern und Bibliotheken. Aber der Gedanke, Bücher zu sezieren, sie allein auf Stil und Aufbau hin zu untersuchen oder darauf zu achten, wie der Autor Schwierigkeiten gemeistert hat, stößt bei schreibenden Lesern meist auf großen Widerwillen. Sie fürchten, nie wieder dieselbe Verzauberung und Verzückung bei der Lektüre ihrer Lieblingsschriftsteller zu verspüren, wenn sie deren Bücher erst einmal mikroskopiert haben. Aber in Wirklichkeit genießt man Bücher sogar noch mehr, wenn man sie mit kritischem Auge liest. Und auch ein schlechtes Buch wird erträglicher, wenn man sich damit befaßt, warum der Autor auf künstliche Effekte gesetzt hat.

Lesen Sie zweimal

Um wie ein Schriftsteller zu lesen, müssen Sie sich anfangs jeden Text zweimal vornehmen. Lesen Sie die Erzählung, den Artikel oder den Roman erst schnell und unkritisch, so wie Sie das früher als unschuldiger Leser getan haben, der nichts weiter im Sinn hatte, als sich an der Lektüre zu erfreuen. Legen Sie den Text dann für eine Weile zur Seite, und holen Sie sich einen Bleistift und einen Notizblock.

Allgemeine Beurteilung und Detailanalyse

Fassen Sie kurz schriftlich zusammen, was Sie gerade gelesen haben, und formulieren Sie Ihre Meinung dazu: Hat es Ihnen gefallen oder nicht? War es glaubwürdig oder an den Haaren herbeigezogen? War es teilweise gut und teilweise schlecht? (Am Ende dürfen Sie sich auch ein Urteil hinsichtlich der moralischen Aussage erlauben, aber zunächst sollte sich Ihre Meinung allein darauf gründen, ob es dem Autor gelungen ist, sein Anliegen deutlich zu machen, falls Sie eines erkennen können.)

Begründen Sie nun Ihre Meinung: Wenn Ihnen das Buch gefallen hat, warum? Verzweifeln Sie nicht, wenn Ihnen zunächst nur vage Antworten auf solche Fragen einfallen. Schließlich werden Sie das Buch ja noch einmal lesen und dann gezielter nach Anhaltspunkten für Ihre Meinung suchen. Hat Ihnen das Gelesene nur teilweise gefallen, versuchen Sie herauszufinden, an welchen Stellen der Autor Ihre Zustimmung verloren hat.

Waren die Figuren zu gleichförmig, zu konturlos oder stellenweise widersprüchlich? Können Sie sagen, warum Sie das so empfunden haben?

Sind Ihnen einige Szenen besonders deutlich im Gedächtnis geblieben? Liegt das daran, dass sie so gut geschrieben waren, oder weil an diesen Stellen eine Gelegenheit vom Autor verpasst wurde? Merken Sie sich alle Passagen, die Ihre Aufmerksamkeit aus welchen Gründen auch immer auf sich gezogen haben. Wirken die Dialoge natürlich oder aufgesetzt? Handelt es sich dabei um ein Stilmittel, oder spiegelt sich in dem formellen Tonfall eher eine Schwäche des Autors wider?

Sie kennen inzwischen schon einige Ihrer eigenen Schwächen. Wie hat der Schriftsteller, dessen Buch Sie gerade gelesen haben, Situationen, die Ihnen selbst schwer fallen, gemeistert?

Die zweite Lektüre

Wenn es sich um ein gutes Buch handelt, sollte Ihre Frageliste lang und ausführlich sein. Ihre Antworten sollten bereits eine Menge Hinweise enthalten. Ist das Buch nicht sonderlich gut, nennen Sie seine Schwachstellen und legen es erst einmal zur Seite. Nachdem Sie Ihre Zusammenfassung niedergeschrieben und Ihre Fragen soweit wie möglich beantwortet haben, kreuzen Sie alle Punkte an, die einer eingehenden Untersuchung bedürfen, und die Sie bei näherer Betrachtung weiterbringen könnten. Beginnen Sie dann mit der zweiten Lektüre. Fangen Sie beim ersten Wort an, und lesen Sie langsam und gründlich. Vervollständigen Sie nach und nach Ihre noch vagen Antworten. Markieren Sie Passagen, die Ihnen gut gefallen, besonders, wenn der Autor Stilmittel, die Ihnen selbst große Schwierigkeiten bereiten, virtuos eingesetzt hat. Später, nach der vollständigen Analyse, können Ihnen diese Stellen als Vorbild dienen.

Da Sie das Ende der Geschichte bereits kennen, schenken Sie frühen Hinweisen darauf besondere Beachtung. An welcher Stelle wird die Charaktereigenschaft, die später zu Problemen führt, zuerst erwähnt? Wird sie subtil und stetig eingeflochten oder kurz vor der Krise schnell an den Haaren herbeigezogen? Stoßen Sie bei der zweiten Durchsicht auf Passagen, die besser weggelassen worden wären, weil sie weder dazu beitragen, die Geschichte glaubhafter zu machen, noch die Absichten des Autors unterstützen, und die im Text stehen bleiben durften, obwohl sie Elemente enthalten, die überflüssig oder gar irreführend sind? Untersuchen Sie solche Passagen sehr genau, und vergewissern Sie sich, dass Sie sie nicht nur aus Bequemlichkeit als überflüssig abtun. Erst wenn Sie ganz sicher sind, dürfen Sie behaupten, der Autor habe einen Fehler gemacht.

Wichtige Aspekte

Ein Buch mit kritischer Aufmerksamkeit zu lesen, kann unendlich anregend und hilfreich sein: Lesen mit wachem Geist. Schenken Sie dem Rhythmus des Textes ebenfalls Beachtung: Wird er langsamer oder schneller, wenn der Autor etwas betonen möchte? Halten Sie Ausschau nach Manieriertheit und Lieblingswörtern. Entscheiden Sie, ob es sich lohnen könnte, selbst damit zu experimentieren, oder ob sie ganz typisch für diesen Schriftsteller sind. Wie bewegen sich die Figuren von einer Szene zur nächsten? Wie erfährt man, dass Zeit vergangen ist? Ändert sich das Vokabular oder der Schwerpunkt, wenn der Autor die Aufmerksamkeit von einer Figur zur anderen lenkt? Scheint der Autor allwissend in Bezug auf seine Figuren, überlässt es jedoch dem Leser, die Geschichte selbst zu erfassen, indem er ihm eine sich langsam entfaltende Einzelfigur als Orientierungshilfe anbietet, während alle anderen Figuren nur grob angedeutet werden? Oder wird die Geschichte aus der Perspektive verschiedener Figuren erzählt? Wie werden Gegensätze geschaffen? Geschieht dies, indem sich eine Figur an einem unpassenden Schauplatz bewegt, so wie Mark Twain beispielsweise seinen Yankee an König Arthurs Hof auftreten lässt?

Jeder Schriftsteller hat seine eigenen Fragen und findet seine eigenen Antworten darauf. Nach den ersten analysierten Büchern, die Sie *unbedingt* zweimal lesen sollten, wenn Sie wirklich einen Nutzen aus der Arbeit anderer Schriftsteller ziehen wollen, werden Sie feststellen, dass Sie gleichzeitig mit Vergnügen und zum Zwecke der Kritik lesen können. Dann reicht es, wenn Sie lediglich die besten und die schlechtesten Passagen eines Buches zweimal lesen.

~ Zehn ~

Was das Nachahmen anderer Autoren angeht...

Nun kommen wir zur Imitation als Übung. Die Weltanschauung, die Gedanken und die dramatischen Beweggründe anderer Schriftsteller sollten Sie nie direkt übernehmen. Suchen Sie stattdessen den Ursprung der Ideen. Untersuchen Sie genau, worauf sie sich gründen, und nehmen Sie sie nur dann in Ihre eigene Arbeit auf, wenn Sie sich wirklich mit ihnen identifizieren können - und niemals, nur weil der Autor, in dessen Werk Sie fündig geworden sind, erfolgreich ist, oder wegen der großen Wirkung, die sich damit erzielen lässt.

Das Nachahmen handwerklicher Meisterleistungen

Technische Kunstgriffe jedoch dürfen Sie übernehmen, und zwar zu Ihrem großen Nutzen. Wenn Sie also einen kurzen oder langen Abschnitt entdecken, von dem Sie meinen, er sei handwerklich allem überlegen, was Sie selbst zur Zeit zustande bringen, dann lernen Sie davon.

Analysieren Sie diese Passagen gründlich. Nehmen Sie sich jedes einzelne Wort vor. Vergleichen Sie den Abschnitt mit einer verwandten Passage Ihrer eigenen Arbeit. Nehmen wir beispielsweise an, Sie hätten wie die meisten, die gerade ernsthaft mit dem Schreiben begonnen haben, Schwierigkeiten, zeitliche Abläufe richtig darzustellen: Sie dehnen die Geschichte unnötig aus, indem Sie die Figuren auf dem Weg zum nächsten Schauplatz verwirrende oder unwichtige Handlungen ausführen lassen. Oder die Figuren verschwinden in einem Absatz völlig, um im nächsten aus dem Nichts wieder aufzutauchen. – Nun entdecken Sie, wie der Autor einer Erzählung, die in etwa gleich lang ist wie Ihre, fließende Übergänge schafft. Er hat gerade genug und kein bisschen zuviel geschrieben, um die Zeit zwischen zwei Absätzen fortschreiten zu lassen. Wie hat er das geschafft? Wie viele Wörter hat er verwendet? Es mag Ihnen zwar abwegig erscheinen, dass man etwas lernen kann, indem man einfach nur Wörter zählt, aber Sie werden feststellen, dass ein guter Schriftsteller einen gesunden Sinn für Proportionen hat. Er ist ein Künstler und hat ein Gespür dafür, wie viel Raum er einer Figur einräumen muss, um von einer dichten Szene zur nächsten zu gelangen.

Der Einsatz von Wörtern

Angenommen, die Erzählung hätte insgesamt 5000 Wörter, und der Autor hätte 150 davon darauf verwendet, einen ziemlich unwichtigen Tag und eine ebenso unspektakuläre Nacht im Leben seines Helden verstreichen zu lassen. Und wie haben Sie es gelöst? Drei Wörter oder vielleicht einen Satz wie: »Am nächsten Tag ging Konrad ...«? Jedenfalls alles ein bisschen mager. (Der Übergang »Am nächsten Tag ging Konrad ...« kann mitunter genau die richtige Länge und die richtige Gewichtung haben. Nehmen wir für den Moment aber an, der Übergang sei proportional zur gesamten Erzählung zu abrupt.)

Oder vielleicht haben Sie auch, obwohl in der Nacht und auch am nächsten Morgen in Konrads Leben nichts passiert, was für die Geschichte von Bedeutung ist, genug Platz darauf verwendet, Konrads Charakter zu skizzieren, sechshundert oder eintausend Wörter lang völlige Belanglosigkeiten aufgeschrieben, weil Sie vom Hölzchen aufs Stöckchen kommen, wenn Sie einmal angefangen haben, von Konrad zu erzählen.

Wie also verteilt der Autor seine von Ihnen gezählten Wörter? Gibt es bei ihm Absätze, in denen er ins Uferlose abschweift, obwohl er seine Geschichte bis dahin eigentlich geradlinig erzählt hat? Benutzt er starke Verben, obwohl sein Held in dem Moment eigentlich nichts zum Fortgang der Geschichte beiträgt, nur um zu zeigen, dass die Figur in der Zwischenzeit durchaus ein aktives Leben führt? Welche Verknüpfungen packt er in den letzten Satz eines solchen abschweifenden Abschnittes, um danach wieder zur eigentlichen Handlung zurückkehren zu können? Wenn Sie all diese Dinge herausgefunden haben, dann schreiben Sie einen Absatz, in welchem Sie Ihr Vorbild *Satz für Satz* imitieren.

Keine Eintönigkeit!

Möglicherweise finden Sie immer noch, dass Sie zu eintönig schreiben, weil auf ein Nomen bei Ihnen immer ein Verb folgt oder auf ein Verb ein Adverb, und das Satz für Satz, Seite für Seite. An Ihrem Musterautor gefällt Ihnen deshalb besonders, dass er so schön abwechslungsreich schreibt, die Sätze mal so, mal so strukturiert, und auch der Rhythmus mal schneller, mal langsamer wird. Darum kommt jetzt die ultimative Plagiatsübung:

Da der erste Satz zwölf Wörter lang ist, werden Sie nun auch einen Satz aus zwölf Wörtern bilden. Der Satz beginnt mit zwei einsilbigen Wörtern, dann folgen ein viersilbiges Adjektiv und ein weiteres mit drei Silben, danach kommt ein zweisilbiges Nomen, und so weiter. Sie müssen nun einen Satz schreiben, dessen Nomen, Adjektive und Verben aus genauso vielen Silben bestehen, und die Betonung auf der gleichen Silbe wie die Wörter im Mustersatz haben. Wenn Sie sich für diese Übung einen Autor ausgesucht haben, dessen Stil Ihrem eigenen völlig entgegengesetzt ist, können Sie mit dieser Methode sehr viel über Satzbau und Rhythmus lernen.

Wahrscheinlich haben Sie nicht allzu oft Lust, diese Übung zu machen, aber sie ist erstaunlich nützlich. Sie schärft Ihr Gespür für Abwechslungsreichtum und Klang, und mit der Zeit lernen Sie, diese Stilmittel selbst einzusetzen. Haben Sie sich die Mühe gemacht, einen Satz in seine Einzelteile zu zerlegen und nach gleichen Muster zu schreiben, fallen Ihnen beim Lesen plötzlich Kleinigkeiten auf, die Sie vorher vielleicht nie bemerkt haben.

Erweitern Sie Ihren Wortschatz

Was immer Sie lesen, halten Sie stets Ausschau nach neuen Wörtern. Bevor Sie diese jedoch selbst benutzen, sollten Sie sich vergewissern, dass sie zu Ihrem sonstigen Sprachgebrauch passen. Ein Wörterbuch nach »vitalen Verben«, wie einer meiner ehemaligen Professoren sie nannte, zu durchkämmen, wird Ihnen nicht viel bringen. Viel besser ist es, solche Wörter mitten in einer lebendig geschriebenen Erzählung zu suchen.

Versuchen Sie, Ihren Text zum Schluss noch einmal mit anderen Augen zu lesen. Stellen Sie sich vor, er würde veröffentlicht. Welche Veränderungen müssten Sie noch vornehmen, um daraus ansprechende, abwechslungsreiche und lebendige Prosa zu machen?

∽ Elf ∽

Wieder richtig sehen lernen

Genies bewahren sich ihr ganzes Leben lang das wache, lebendige Interesse eines Kindes, das versucht, seine Umwelt zu begreifen. Viele von uns behalten diese Fähigkeit bis in ihre Adoleszenz hinein, aber bei den meisten Menschen geht sie in der täglichen Routine des Erwachsenendaseins verloren. Selbst in Jugendjahren treten solche Phasen vollkommener Wachsamkeit nur noch sporadisch auf. Und bei Erwachsenen kommt es mit fortschreitendem Alter immer seltener vor, dass sie mit hellwachen Sinnen sehen, fühlen und hören.

Allzu viele von uns lassen sich von ihren privaten Problemen vereinnahmen, schleichen durch den Tag und verschwenden all ihre Aufmerksamkeit an unwichtige Kleinigkeiten. Der Neurotiker umkreist sogar ein Problem, das er so tief in sich vergraben hat, dass er nicht einmal sagen kann, was ihn da die ganze Zeit beschäftigt, und man erkennt ihn an seiner Unfähigkeit, sich angemessen in der Realität zu bewegen.

Gewohnheit macht blind

Selbst der normale Mensch ist seinen Gewohnheiten so verhaftet, dass er sich nur bei wenigen Gelegenheiten davon abbringen lässt – außer durch wirklich spektakuläre Ereignisse, eine Katastrophe beispielsweise, die sich vor seinen Augen abspielt und den gewohnten Alltag unterbricht. Es bedarf schon einer großen Herausforderung, um an uns heranzukommen.

Gleichgültigkeit ist für einen Schriftsteller wirklich gefährlich. Wenn er nicht täglich Beobachtungen, frische Eindrücke und neue Ideen sammelt, neigt er dazu, beim Schreiben ständig die gleichen Eindrücke zu verarbeiten, die er irgendwann einmal als Kind und Jugendlicher gewonnen hat.

Ursachen für Wiederholungen

Jeder kennt einen Schriftsteller, der scheinbar immer wieder dieselbe Geschichte erzählt. Die Figuren heißen zwar in jedem Buch anders, die Schauplätze erscheinen auf den ersten Blick auch ein wenig verändert, und mal endet die Geschichte glücklich, mal endet sie traurig. Dennoch haben wir bei jedem neuen Buch das Gefühl, den Inhalt schon zu kennen. Egal, wie die Heldin diesmal heißt, bestimmt wird es an irgendeiner Stelle schneien, und die Flocken werden dann wieder auf ihren Wimpern schmelzen, oder ihr Haar wird sich auf einem Waldspaziergang in einem Zweig verfangen. Die Helden in den Büchern von D. H. Lawrence verfallen jedes Mal, wenn es gefühlig wird, in einen Lancashire-Dialekt, und die Heldinnen von Storm Jamesson haben mit hoher Wahrscheinlichkeit durchschlagende Erfolge als Werbetexterinnen und stammen aus einer alten Reederfamilie. Bei Kathleen Norris steht zumindest in jedem zweiten Buch eine blaue Rührschüssel in einer sonnendurchfluteten Küche. Man könnte das ewig so fortführen. Die Versuchung, Dinge, die für uns mit starken Emotionen besetzt sind, immer wieder neu zu verarbeiten, ist so groß, dass es den wenigsten Autoren gelingt, ihr zu widerstehen. Man muss ihr auch nicht widerstehen, solange man richtig damit umzugehen weiß. Aber mitunter hat man den Eindruck, dem Autor sind die Wiederholungen entgangen. Mit ein wenig mehr Aufwand wäre es ihm sonst sicherlich möglich gewesen, die gleiche Stimmung durch andere Bilder zu erzeugen, ohne dabei so entsetzlich einfallslos zu sein. Wir alle neigen dazu, uns an Bilder zu erinnern, die in das helle, warme Licht unserer Kindertage getaucht sind, und wir bedienen uns dieser Bilder immer dann, wenn wir einer Szene Leben einhauchen wollen. Verwenden wir aber immer wieder dasselbe Bild, berührt es irgendwann niemanden mehr.

Wie die Augen ihre Unschuld wiedererlangen

Es ist durchaus möglich, sich von seinen Alltagssorgen zu befreien, und sich zu weigern, immer wieder dasselbe Tag- und Nachtkleid zu tragen. Allerdings ist es nicht so leicht, wie man denkt. Schließlich müssen wir dazu unseren Blick wieder nach außen kehren, ihn von unseren inneren Problemen abwenden. Wenn Sie sich dazu entschließen, von nun an nicht mehr unaufmerksam durch die Welt zu gehen, wird das kaum genügen. Trotzdem sollte jeder Schriftsteller der Empfehlung von Henry James folgen und sich schwören, »zu versuchen, einer jener Menschen zu sein, an denen nichts umsonst vorüberzieht«. Um dies zu erreichen, nehmen Sie sich jeden Tag ein wenig Zeit, zu der Sie sich gedanklich in ein Kind versetzen, das die Welt noch mit »unschuldigen Augen« betrachtet. Werden Sie täglich für eine halbe Stunde fünf Jahre alt, und widmen Sie sich Ihrer

Umgebung mit staunendem Interesse. Auch wenn es Ihnen jetzt ein wenig unangenehm ist, etwas, das Ihnen früher einmal so selbstverständlich wie das Atmen war, willentlich zu tun, werden Sie schnell mit Unmengen von neuem Stoff dafür belohnt. Verwenden Sie diesen jedoch nicht sofort, denn es handelt sich anfangs noch um reine Fakten, die allenfalls ein Journalist aufschreiben würde. Warten Sie lieber, bis Ihr Unbewusstes alles verarbeitet und wundersam vermehrt hat. Aber versuchen Sie, als Fremder durch Ihre eigenen Straßen zu gehen.

Der Fremde auf der Straße

Sie wissen, wie lebendig alles erscheint, wenn man zum ersten Mal in eine fremde Stadt oder ein fremdes Land kommt. Die riesigen roten Busse, die auf der – für uns – falschen Straßenseite durch London fahren, ignorieren wir bald darauf ebenso wie die grünen Busse in New York. Es dauert nicht lange, da können wir ihnen genauso wenig abgewinnen, wie dem Schaufenster der Drogerie, an der wir jeden Tag vorbeikommen, wenn wir zur Arbeit gehen. Und doch ist es möglich, dass das Schaufenster, die Straßenbahn, mit der man jeden Morgen fährt, oder die überfüllte U-Bahn so fremd wie Xanadu wirken, wenn man sich strikt weigert, sie als selbstverständlich anzusehen. Wenn Sie in die Straßenbahn einsteigen oder die Straße hinunterlaufen, dann nehmen Sie sich vor, fünfzehn Minuten lang alles zu registrieren, auf das Ihr Blick fällt und es in Worte zu fassen.

Zum Beispiel die Straßenbahn: Welche Farbe hat sie? (Nicht einfach nur grün oder rot, sondern minz- oder olivgrün, scharlach- oder fuchsrot.) Wo befindet sich der Einstieg? Fährt ein Schaffner mit, oder erledigt der Fahrer alle Aufgaben selbst? Welche Farbe haben die Wände, der Fußboden, die Sitze und die Werbeschilder? Wie sind die Sitze ausgerichtet? Wer sitzt

Ihnen gegenüber? Welche Kleidung tragen die Leute um Sie herum? Sitzen oder stehen sie? Was lesen sie? Sind einige von ihnen eingeschlafen? Welche Geräusche hören Sie? Welche Gerüche nehmen Sie wahr? Wie fühlt sich die Halteschlaufe in Ihrer Hand oder der Stoff des Mantels, der an Ihnen vorüberstreicht, an? Nach einigen Augenblicken können Sie Ihre intensiven Betrachtungen einstellen, aber sobald sich die Umgebung verändert, sollten Sie wieder von vorn anfangen.

Stellen Sie ein anderes Mal Vermutungen über die Person, die Ihnen gegenübersitzt, an. Woher kommt sie, und wohin fährt sie? Was schließen Sie aus ihrem Gesicht, ihrer Haltung und ihrer Kleidung? Wie stellen Sie sich ihre Wohnung vor? (Lesen Sie dazu auch die Erzählung *Ein ungeschriebener Roman* von Virginia Woolf.)

Mit Sicherheit kommt es Ihrer Arbeit zugute, wenn Sie ein- oder zweimal pro Woche neue Straßen entlang laufen, sich Ausstellungen anschauen oder in einem fremden Stadtteil ins Kino gehen, um sich neuen Sinneseindrücken auszusetzen. Aber im Grunde können Sie solche Erfahrungen jederzeit machen. Das Zimmer, in dem Sie die meisten Stunden Ihres Tages verbringen, ist genauso gut dazu geeignet, Ihre Sinne zu schulen, wie eine fremde Straße – vielleicht sogar noch besser. Versuchen Sie, Ihr Zuhause, Ihre Familie, Ihre Freunde, die Schule oder das Büro so zu betrachten, als handele es sich um etwas, das Ihnen überhaupt nicht vertraut ist. Es gibt Stimmen, die Sie schon so oft gehört haben, dass Sie gar nicht mehr wahrnehmen, wie einzigartig sie sind. Wenn Sie nicht gerade krankhaft überempfindlich sind, entgeht es Ihnen wahrscheinlich auch völlig, dass einer Ihrer Freunde bestimmte Wörter so häufig benutzt, dass jeder, der diesen Freund kennt, sofort erkennen würde, wer da spricht, wenn Sie einen Satz schreiben würden, in dem diese Wörter vorkommen.

All diese kleinen und leicht durchführbaren Übungen werden aus Ihnen einen besseren Autor machen. Niemand hat Lust, einem langweiligen, abgestumpften Geist über Unmengen von Seiten zu folgen. Dabei kann man seinen Geist so leicht auffrischen. Denken Sie daran, was Sie sehen, eindeutig zu benennen, bevor Sie es dem Unbewussten zur weiteren Bearbeitung überreichen. Nicht immer ist es nötig, das treffende Wort zu finden, jedoch geht Ihnen viel Brauchbares verloren, wenn Sie die Bilder nicht in Sprache umwandeln. Wenn Sie denken: »Ach, das werde ich schon nicht vergessen«, müssen Sie sich eingestehen, dass Sie sich bloß vor der Übung drücken. Es fällt Ihnen schwer, die passenden Wörter zu finden, weil Wörter nun mal nicht automatisch vor uns auftauchen. Bleiben Sie jedoch hartnäckig, und versuchen Sie, immer den richtigen Satz zu finden. Dann werden Sie bald mit eindrucksvollen, detaillierten Bildbeschreibungen belohnt, die Ihnen beim Schreiben im richtigen Moment einfallen.

Der Lohn der Tugend

Schon kurz nachdem Sie begonnen haben, ihre Umwelt so zu betrachten, merken Sie, dass Sie morgens leichter und besser schreiben als vorher. Das liegt nicht nur an dem vielen neuen Stoff, sondern auch daran, dass latente Erinnerungen nun plötzlich wieder wach werden. Jeder neue Eindruck setzt eine Assoziationskette in Gang, die bis in die tiefsten Tiefen Ihrer Persönlichkeit reicht. Dadurch werden Ihnen vergangene Erlebnisse, Freuden und Leiden, Tage, die in Ihrer Erinnerung von anderen Tagen überlagert waren, und längst vergessene Episoden wieder zugänglich.

Aus dieser nie versiegenden Quelle schöpft der geniale Geist. Alles, was er je erlebt hat, steht ihm zur Verfügung. Es gibt keine Erfahrung, die zu tief vergraben läge, als dass er sie nicht jederzeit wieder aufleben lassen könnte. Er kann zu jeder vorstellbaren Situation eine vergleichbare Episode aus seinem Erfahrungsschatz finden. Indem Sie sich also weigern, gleichgültig und träge zu sein, können auch Sie wieder lernen, sich Zugang zu allen Einzelheiten Ihres Lebens zu verschaffen.

~ Zwölf ~

Die Quelle der Originalität

Es ist allgemein bekannt, dass jeder Schriftsteller den Stoff für seine Bücher aus sich selbst schöpfen muss. Es ist so allgemein bekannt, dass Sie wahrscheinlich alle genervt stöhnen, weil ich diesem Umstand ein eigenes Kapitel widme. Dennoch muss ich es tun, denn nur, wenn dieser Punkt ganz klar ist, werden sich alle falschen Auffassungen bezüglich dessen, was Originalität nun eigentlich ausmacht, wirklich in Luft auflösen.

Das schwer Greifbare

Jedes Lehrbuch, jeder Verleger und jeder Dozent wird Ihnen sagen, dass der Schlüssel zum schriftstellerischen Erfolg in der Originalität liegt. Doch was dahintersteckt, wird selten verraten. Wenn man hartnäckig nachfragt, werden mitunter Autoren genannt, deren Werke »originell« sind, und diese Beispiele sind häufig für die gröbsten Patzer, die jungen Schriftstellern unterlaufen, verantwortlich. »Seien Sie so originell wie William Faulkner«, könnte ein Verleger zum Beispiel sagen, obwohl er damit eigentlich nur seine Forderung nach Originalität anhand eines Beispiels bekräftigen möchte. Oder: »Schauen Sie sich mal Mrs. Buck an. Wenn Sie etwas in der Richtung hinbekommen könnten ...!« Und dann geht der hartnäckige Frager nach Hause, hat gar nicht verstanden, was eigentlich gemeint war, und versucht sich nun mit aller Gewalt an etwas, worüber ich mich schon vorhin beschwert habe: an »einer ganz tollen Faulkner-Erzählung« oder »einem echten Pearl S. Buck-Roman«. Ganz selten - ausgesprochen selten, wenn meine langjährige Erfahrung als Redakteurin und Dozentin reicht, um das zu beurteilen - stößt der Nachahmer in der Vorlage auf etwas, das ihm zufällig so wesensverwandt ist, dass es ihm gelingt, eine akzeptable Erzählung in gleicher Art zu schreiben. Aber das passiert vielleicht einmal in hundert Fällen. Weil Originalität so niemals zu erreichen ist, würde ich mir von Herzen wünschen, dass dieser Fehler sofort erkennbar wäre, wie ein Mantel, der schlecht sitzt, weil er nach den Maßen eines anderen geschneidert ist.

Man kann als angehender Schriftsteller nicht früh genug begreifen, dass es für jeden von uns nur eine einzige Möglichkeit gibt, zum Ganzen beizutragen: Wir können unsere eigene Sicht der Welt der großen Sammlung von Erfahrungen aller übrigen Menschen hinzufügen.

In gewissem Sinne ist jeder einzigartig. Niemand sonst ist von denselben Eltern zur selben Zeit in dasselbe Land mit genau derselben Geschichte hineingeboren worden. Niemand sonst hat genau dasselbe erlebt und dieselben Schlüsse daraus gezogen. Kein anderer Mensch geht mit Ihren Gedanken durch die Welt. Wenn Sie zu einer entsprechend wohlwollende Haltung sich selbst gegenüber gekommen sind und bereit sind, zu sagen, was Sie von einer Situation oder Person halten, und wenn Sie eine Begebenheit erzählen wie sie kein anderer Mensch auf der Welt so wahrnehmen konnte wie Sie, dann können Sie es gar nicht vermeiden, originell zu sein.

So einfach sich das anhört, genau das schaffen die meisten Schriftsteller nicht. Das liegt zum Teil daran, dass jemand, der sich, seit er lesen kann, tief in Bücher vergraben hat, traurigerweise auch daran gewöhnt hat, die Welt durch die Augen anderer zu sehen. Ab und zu, wenn jemand sehr phantasiebegabt und anpassungsfähig ist, kommen überzeugend klingende Texte dabei heraus. Das Erzählte erscheint dann fast echt. Zumindest ist es nicht allzu offenkundig, dass es eigentlich aus zweiter Hand stammt. Aber häufig rühren Unstimmigkeiten und plötzliche Charakterdissonanzen bei literarischen Figuren daher, dass der Autor sie statt mit seinen eigenen Augen mit denen von Herrn Faulkner, Herrn Hemingway, D. H. Lawrence oder Frau Woolf betrachtet hat.

Originalität statt Imitation

Die großen Schriftsteller haben sich immer vor dem gehütet, was ihre jungen Imitatoren so bemüht versuchen. Jeder von ihnen hat seine eigene Weltanschauung und ist bestrebt, diese zu vermitteln. Die Werke sind von großer Direktheit und Kraft, so wie alles, was ohne Umschweife oder Verfremdung aus dem innersten Kern der Persönlichkeit kommt. Eine von einem Nachahmer geschriebene Erzählung hat immer einen unechten Beigeschmack, genauso wie diese dunklen, mystischen Geschichten im Stil von D. H. Lawrence, aber es ist nahezu unmöglich, junge Schriftsteller, die ihren Helden glorifizieren, oder die sich selbst nicht genug zutrauen, davon zu überzeugen, dass sich solcherlei Huldigungen immer durch einen Mangel an Authentizität rächen.

Das überraschende Ende

Bei kritischer Betrachtung von literarischen Imitationen stößt man häufig auf das Phänomen, dass der Nachahmer versucht, originell zu sein, indem er seine Geschichte bis zur Monstrosität dehnt, streckt und aufbauscht. Er verwendet Dynamit in der Krise und am Ende passiert genau das Gegenteil von dem, was man erwartet hat, und seine Figuren tun Dinge, die überhaupt nicht auf ihrer Linie liegen. Entweder ist die Geschichte voller Grausamkeiten, oder - was seltener vorkommt - es geschieht permanent irgendwo ein Wunder. Wenn der Dozent oder Verleger dann anführt, die Geschichte sei unglaubwürdig erzählt, murmelt der Schreiber etwas von »Dracula« oder »Kathleen Norris«. Es ist beinahe aussichtslos, einem solchen Autor nahe zu bringen, dass er nicht einmal die Mindestanforderung an eine gute Story erfüllt hat: wahrheitsgetreu und konsequent eine Welt zu betrachten oder zu erschaffen, in der sich die beschriebenen Ereignisse tatsächlich wie beschrieben zugetragen haben könnten, so wie es den Schriftstellern, die er zu imitieren versucht hat, sehr wohl gelungen ist.

Aufrichtigkeit ist die Quelle der Originalität

Man kann also sagen, dass solche Nachahmungen an ihrer Inkonsequenz scheitern, obgleich der Verfasser durchaus glaubwürdig sein könnte, wenn er aufrichtig bliebe. Wenn es Ihnen gelingt, sich selbst zu entdecken, wenn Sie herausfinden, wie Sie wirklich zu den großen Themen des Lebens stehen, sind Sie auch in der Lage, ehrliche, originelle und einzigartige Erzählungen zu schreiben. Aber das sind sehr große »Wenns«, und man muss schon recht tief graben, um an die Wurzeln seiner eigenen Überzeugungen zu gelangen.

Oft möchte ein Anfänger sich nicht festlegen, weil er sich selbst gut genug kennt, um zu wissen, dass das, was er heute für richtig hält, morgen vielleicht schon seine Gültigkeit für ihn verloren hat. Das wirkt als läge ein Fluch auf ihm. Er wartet darauf, dass er irgendwann der Weisheit letzten Schluss erkennt, und da der auf sich warten lässt, zögert er weiter, sich schriftlich festzulegen. Wenn dies zu einem wirklichen Hemmnis wird, und nicht einfach nur eine neurotische Entschuldigung ist, das Schreiben immer wieder vor sich herzuschieben, dann schafft ein solcher Autor es selten, mehr als Grobskizzen und halbfertige Erzählungen ohne feste Standpunkte zu Papier zu bringen. Man kann ihm nur helfen, indem man ihm klarmacht, dass er mit seinem Problem nicht allein dasteht, denn schließlich befindet sich jeder Mensch in einem permanenten Wachstumsprozess, und um überhaupt schreiben zu können, müssen wir uns immer auf unsere *gegenwärtigen* Einstellungen stützen. Wenn man nicht bereit ist, von seinem aufrichtigen, gegenwärtigen Standpunkt aus zu schreiben, auch wenn dieser vielleicht weit entfernt von der »endgültigen« Überzeugung ist, landet man irgendwann auf dem Sterbebett, ohne je seinen eigenen Beitrag geleistet zu haben, und muss erkennen, dass man von der absoluten Wahrheit so weit entfernt ist, wie im Alter von zwanzig Jahren.

Vertrauen Sie sich selbst

Die Anzahl dramatischer Situationen, in die ein Mensch im Laufe seines Lebens geraten kann, ist begrenzt – nur drei Dutzend, wenn man Georges Polti Glauben schenken darf. Um eine überzeugende Erzählung zu schreiben, kommt es nicht darauf an, seine Hauptfigur mit einem so einzigartigen Schicksal auszustatten von dem bisher kein Mensch auch nur geträumt hat. Selbst wenn es Ihnen gelänge, sich solche Lebensumstände auszudenken, wäre es kaum möglich, sie nachvollziehbar darzustellen. Der Leser muss sich zumindest teilweise mit der Geschichte identifizieren können. Nein, die Art, *wie* Ihr Held seinem Dilemma gegenübertritt, wie *Sie* die Sackgasse sehen, in der er sich befindet, macht Ihre Geschichte zu einer, die wirklich nur Ihnen gehört. Und allein Ihre individuelle Persönlichkeit, die unverwechselbar zwischen den Zeilen zu erkennen ist, entscheidet über Erfolg oder Scheitern. Ich würde sogar soweit gehen, zu behaupten, dass es keine Situation gibt, die an sich trivial ist, lediglich langweilige, phantasielose oder unkommunikative Autoren. Keine Krise, in der sich ein Mensch befinden kann, wird seine Umwelt kalt lassen, wenn sie überzeugend dargestellt wird. Zum Beispiel sind *Der Weg allen Fleisches*, *Clayhanger* und *Der Menschen Hörigkeit* thematisch verwandt. Keines dieser Werke würde man trivial nennen.

Deine Wut und meine Wut

Agnes Mure MacKenzie sagt in *The Process of Literature*: »Deine Liebe und meine Liebe, deine Wut und meine Wut, haben genügend gemeinsam, um mit demselben Begriff bezeichnet zu werden, aber keine zwei Menschen auf der ganzen Welt erleben sie völlig identisch.« Und in einer der letzten Ausgaben des *Atlantic Monthly* schreibt Edith Wharton in *Bekenntnisse einer Romanschriftstellerin*: »Es gibt zwei Grundregeln: Erstens, der Romanautor sollte sich nur mit Dingen befassen, die im wörtlichen und übertragenen Sinn (meist trifft dies zusammen) innerhalb seiner Reichweite liegen. Und zweitens, der Wert eines Motivs bemisst sich fast ausschließlich nach dem, was der Autor darin sieht, und wie tief er es ergründet.«

Erinnern Sie sich hin und wieder an dieses Zitat. Sie werden erkennen, dass allein Ihre Sicht der Dinge Ihre Arbeit wertvoll macht, und dass es dort, wo ein offener und ehrlicher Geist am Werk ist, keine Banalität gibt.

Eine Geschichte, viele Versionen

Schon in meinen Anfängerkursen führe ich den Schülern vor, dass diese Behauptung stimmt: Ich bitte sie, den Inhalt einer Geschichte kurz zu skizzieren. Aus den Vorschlägen suche ich mir den »trivialsten« heraus. In einem Kurs war das »eine verwöhnte junge Frau, die heiratet und ihren Mann mit ihrer Einstellung zum Geld fast in den Ruin treibt«. Ich gebe zu, ich war auf das Schlimmste gefasst. Ich konnte mir nämlich selbst nur eine einzige Möglichkeit vorstellen, dieses Thema zu bearbeiten, zuzüglich einer Variante, die aber nur jenen einfallen würde, die ihre spontane Assoziation absichtlich ins Gegenteil verkehren würden.

Die Schüler sollten binnen zehn Minuten einen oder zwei Absätze schreiben, als hätten sie vor, eine Erzählung zu dem Thema zu verfassen. Die zwölf Kursteilnehmer brachten am Ende zwölf so unterschiedliche Versionen hervor, dass jeder Verleger sie an einem Tag hätte lesen können, ohne zu merken, dass alle Schreiber vom selben Ausgangspunkt gestartet waren.

Da war eine junge, vom Schicksal verwöhnte Golfmeisterin, die ihren Mann fast zur Verzweiflung trieb, weil sie ständig mit ihrem Verein zu Wettkämpfen unterwegs war. Eine andere Geschichte handelte von der Tochter eines Politikers, die mögliche Anhänger ihres Vaters immer mit ganz besonderen Aufmerksamkeiten bedacht hatte, und die dem Chef ihres Ehemannes nicht die gleiche Aufmerksamkeit angedeihen lassen wollte, was diesen wiederum annehmen ließ, sein Assistent sei sich seiner Karriere zu sicher. Wieder eine andere Geschichte handelte von einem Mädchen, das mal irgendwo gehört hatte, dass junge Ehefrauen meist zu verschwenderisch seien, und die nun an allen Ecken und Enden sparte, bis ihrem Mann fast die Geduld ausging.

Schon während die zweite Version vorgelesen wurde, mussten die Schüler lachen. Alle merkten, dass sie die Situation aus einem sehr persönlichen Blickwinkel betrachtet hatten, und dass das, was ihnen selbst als folgerichtige Lösung vorgekommen war, alle anderen absolut überraschte. Ich wünschte, ich könnte diese Anekdote mit dem Satz beenden: »Danach habe ich nie mehr von einem einzigen Schüler gehört, er hielte seine Idee zu einem Thema für zu alltäglich, um sie aufzuschreiben.« - Leider nicht.

Nicht einmal Zwillinge werden den Grundgedanken einer Geschichte aus demselben Blickwinkel betrachten. In den Schwerpunkten, in den Umständen, die ins Dilemma führen, und in den Lösungswegen wird es immer Unterschiede geben. Wer dies einmal erkannt hat, kann jede Idee verwenden, die genug Potential hat. Wenn Sie nach einem Thema für Ihre Erzählung suchen, dann halten Sie sich an den simplen Rat: Sie können über alles schreiben, was Sie genug bewegt hat, um einen Kommentar dazu abzugeben. Hat eine Situation Ihre Aufmerksamkeit erregt, dann hat sie eine Bedeutung für Sie, und gelingt es Ihnen, herauszufinden, warum, dann haben Sie eine Grundlage für eine Erzählung.

Ihre Unverwechselbarkeit

Alles Geschriebene, das nicht der bloßen Weitergabe von Informationen dient - wie zum Beispiel Rezepte oder Formeln - möchte auch immer überzeugen. Indem Sie Ihren Leser fesseln, möchten Sie ihn dazu bringen, die Welt mit Ihren Augen zu sehen, Ihnen zuzustimmen, dass dies oder jenes aufwühlend, tieftraurig oder unglaublich lustig ist. Erzählende Literatur hat immer diesen Anspruch. Jede sinnbildliche Darstellung basiert auf den Überzeugungen des Autors. Daher müssen Sie Ihre Einstellung zu den großen und kleinen Problemen des Lebens genau kennen, um darüber schreiben zu können.

Kleiner Fragebogen

Nun kommen ein paar Fragen, die weitere aufwerfen dürften. Es handelt sich nicht um eine erschöpfende Liste. Vielmehr sollten sich die weitergehenden Gedanken, die Sie zu den Fragen entwickeln, zu Ihrer persönlichen Lebensphilosophie zusammenfügen, die Ihrer Arbeit zugrunde liegt:

Glauben sie an einen Gott? In welchem Sinne? (Hardy's »König der Unsterblichen« oder das »allen Dingen innewohnende göttliche Element« von Wells?)

Glauben Sie an den freien Willen oder sind Sie ein Determinist? (Wobei ein Künstler, der an Vorbestimmung glaubt, ein Widerspruch in sich ist, weil seine Phantasie sich schließlich in einem fremdbestimmten Rahmen bewegt.)

Mögen Sie Männer? Frauen? Kinder? Was halten Sie von der Ehe? Finden Sie, die Liebe ist eine romantische Verklärung und Falle?

Finden Sie den Spruch »In hundert Jahren ist alles vorbei« weise oder oberflächlich, zutreffend oder unsinnig?

Was ist das größte Glück, das Sie sich vorstellen können? Was die größte Katastrophe?

Scheuen Sie sich, klare Positionen zu solch elementaren Fragen zu beziehen, dann sollten Sie keine fiktive Literatur mit solchen Inhalten schreiben, sondern Themen wählen, zu denen Sie eine eindeutige Meinung haben. Die besten Bücher basieren auf den festesten Überzeugungen.

∼ Dreizehn ∼

Freizeitgestaltung

Autoren neigen allgemein mehr als andere dazu, sich auch in ihrer Freizeit mit beruflichen Dingen zu beschäftigen. Meist findet man sie lesend irgendwo in einer Ecke, oder sie unterhalten sich mit anderen Schriftstellern über die Arbeit. Ein gewisses Maß an Fachgesprächen ist sicher nützlich, zuviel davon ist nicht gut. Und zuviel lesen schadet sogar.

Freizeit?

Wir alle sind von Sprache umgeben. Wir können ihr kaum entfliehen. Wir denken in Worten. Sind wir lange allein und dürfen auch nicht lesen, fangen wir sehr bald an, »subvokale« Selbstgespräche zu führen, wie die Verhaltensforscher das nennen. Das lässt sich leicht beweisen: Halten Sie sich einige Stunden in einer Umgebung auf, in der es weder gedruckte noch gesprochene Wörter gibt. Bleiben Sie allein, und widerstehen Sie der Versuchung, ein Buch oder eine Zeitung zur Hand zu nehmen. Telefonieren Sie auch dann nicht, wenn Sie glauben, es nicht mehr aushalten zu können, denn Sie werden mit Sicherheit innerhalb weniger Minuten das Verlangen entwickeln, zu lesen oder zu sprechen.

Kurz darauf merken Sie, dass Ihnen unglaublich viele Wörter durch den Kopf gehen: Sie beschließen, einem Bekannten endlich die Meinung zu sagen, Sie erteilen sich selbst Ratschläge, versuchen, sich an einen Liedertext zu erinnern, oder Sie überdenken noch einmal den Ablauf einer Erzählung. Mit anderen Worten: Das wortleere Vakuum wird sofort mit neu einströmenden Wörtern gefüllt.

Gefängnisinsassen, die in Freiheit niemals auch nur ein Wort zu Papier gebracht haben, schreiben jeden Zettel voll, den sie in die Finger bekommen können. Unzählige Bücher haben ihren Anfang in Krankenhausbetten genommen, in denen Patienten lagen, die sich weder unterhalten noch lesen durften. Auch zweijährige Kinder erzählen sich selbst Geschichten, und Bauern sprechen mit ihren Kühen. Sobald wir den Gebrauch von Wörtern gelernt haben, sind wir auf ewig mit der Sprache verbunden.

Erholung von der Sprache

Die Schlussfolgerung liegt auf der Hand. Wollen Sie sich zum Schreiben motivieren, sollten Sie ihre Freizeit sprachlos verbringen. Statt ins Theater zu gehen, könnten Sie beispielsweise einem Symphonieorchester lauschen oder allein Museen besuchen. Sie könnten lange, einsame Spaziergänge oder Busfahrten machen. Wenn Sie bewusst darauf verzichten zu lesen oder sich zu unterhalten, wird sich die Stille schnell anderweitig und zu Ihrem Vorteil füllen.

Einer meiner Bekannten, ein sehr erfolgreicher Schriftsteller, sitzt jeden Tag zwei Stunden lang auf einer Parkbank. Er sagt, früher habe er sich immer in seinem Garten auf den Rasen gelegt und in den Himmel geschaut. Irgendein Familienmitglied, das gesehen hatte, wie er gerade so schön allein und offensichtlich ohne Beschäftigung war, habe dann immer die günstige Gelegenheit genutzt, zu ihm in den Garten zu kommen und sich neben ihn zu setzen, um ein Schwätzchen zu halten. Dabei habe er früher oder später angefangen, von der Arbeit, die ihm gerade im Kopf herumging zu erzählen, und er habe zu seiner Überraschung feststellen müssen, dass sein Verlangen, die Geschichte aufzuschreiben, danach verschwunden war. Deshalb ist er nun dazu übergegangen, jeden Nachmittag regelmäßig und geheimnisvoll schweigend zu verschwinden. Man könnte ihn dann im Park treffen (was ihm zum Glück selten widerfährt), wie er mit den Händen in den Hosentaschen Tauben beobachtet.

Eine Schriftstellerin, die überhaupt kein musikalisches Gehör hat, behauptet, dass sie jede angefangene Erzählung zu Ende bringen kann, wenn sie irgendwo eine Konzerthalle findet, in der gerade eine lange Symphonie gespielt wird. Die Beleuchtung, die Musik und das Stillsitzen versetzen sie in eine Art künstlerisches Koma. Auf dem Heimweg befindet sie sich dann in einem schlafwandlerischen Zustand, der anhält, bis sie an ihrem Schreibtisch sitzt.

Finden Sie heraus, was Sie inspiriert

Wie und wo Sie neue Kraft schöpfen, müssen Sie ausprobieren, aber Bücher, Theater und Kino sind nicht zu empfehlen, wenn Sie gerade an etwas schreiben. Je besser nämlich das Buch, das Stück oder der Film ist, desto wahrscheinlicher ist es, dass Sie nicht nur abgelenkt, sondern auch Ihre Stimmung beeinflusst wird, so dass Sie womöglich mit einer veränderten geistigen Haltung an Ihre Arbeit zurückgehen.

Stille Tätigkeiten

Die meisten etablierten Schriftsteller erholen sich bei einer stillen Tätigkeit. Der eine findet Reiten entspannend, die nächste gesteht, dass sie jedes Mal, wenn sie an eine knifflige Stelle gerät, aufsteht und eine Runde Solitaire nach der anderen spielt. (Ich glaube, das ist Kathleen Norris, und ich meine, mich zu erinnern, dass sie es manchmal nicht einmal merkt, wenn sie ein As aufdeckt.) Eine andere Schriftstellerin fand heraus, dass sie ebenso schnell Geschichten spinnen kann wie sie strickt, und ist inzwischen eine große Strickerin geworden, die immer wieder dasselbe Läppchen aus scharlachroter Wolle aufribbelt und wieder von vorn anfängt, wenn in ihr eine neue Geschichte »köchelt«.

Ein Krimiautor, kommt besonders gut weiter, wenn er angelt, ein anderer gestand, dass er stundenlang gedankenverloren schnitzt und eine Schriftstellerin bestickt alles, was sie in die Finger bekommt, mit Initialen.

Kein Schriftsteller würde diese Tätigkeiten als »Freizeitgestaltung« bezeichnen. Aber es ist schon auffällig, dass wirklich erfolgreiche Autoren, wenn sie über sich selbst *als Schriftsteller* sprechen, selten berichten, sie zögen sich in ihrer Freizeit mit einem guten Buch in eine Ecke zurück. So gerne sie auch lesen (und die meisten von ihnen würden lieber lesen als essen), sie wissen aus eigener Erfahrung, dass wortlose Beschäftigungen sie zum Schreiben anregen.

∼ *Vierzehn* ∼

Eine Übungsgeschichte

Nachdem es Ihnen einige Wochen lang gelungen ist, früher aufzustehen und zu schreiben, und Ihnen auch das Schreiben nach Stundenplan geglückt ist, können Sie nun beides kombinieren. Sie sind jetzt kurz vor Ihrem Ziel: Sie werden sehr bald die »Zauberformel« erfahren, in deren Besitz jeder erfolgreiche Schriftsteller ist. Warum sie so unter Verschluß gehalten wird, und warum sie bei jedem Schriftsteller ein wenig anders aussieht, weiß ich nicht. Vielleicht liegt es daran, dass jeder von sich aus darauf gekommen ist und deshalb eigentlich gar nicht weiß, dass es sich um ein besonderes Insiderwissen handelt. Aber das gehört in ein anderes Kapitel. Im Moment wollen wir uns damit befassen, die Arbeit des Bewussten und des Unbewussten auf einfache Weise zusammenwirken zu lassen.

Noch einmal zur Erinnerung ...

Ich hatte Sie davor gewarnt, Ihre früheren Texte vor dem morgendlichen Schreiben durchzulesen. Denn Sie sollten Ihr Unbewusstes direkt aktivieren, statt aus ihm immer wieder dasselbe Gedankenspektrum hoch zu holen. Außerdem sollten Sie sich, um Ihren Rhythmus zu entdecken, von allen Vorgaben fernhalten. Zeitungen, Romane, Gespräche und sogar Ihre eigenen Texte stören diesen Prozess. Denn schnell lassen wir uns von einer Weltanschauung beeinflussen und geben wieder, was wir in einem Buch oder einer Zeitung gelesen haben.

Stil ist ansteckend

Bezweifeln Sie, das? Ich kann Ihnen leicht beweisen, wie schnell man den Stil eines anderen Menschen übernimmt. Wählen Sie einen Schriftsteller mit prägnantem Rhythmus und individuellem Stil aus: Dickens, Thackeray, Kipling, Hemingway, Aldous Huxley, Edith Wharton, Wodehouse – oder wen immer Sie gerne mögen. Lesen Sie in einem Werk dieses Schriftstellers, bis Sie ein wenig müde werden und Ihre Aufmerksamkeit stellenweise nachlässt. Legen Sie das Buch zur Seite und schreiben Sie ein paar Seiten zu irgendeinem beliebigen Thema. Vergleichen Sie nun das Geschriebene mit dem, was Sie morgens zu Papier gebracht haben. Sie werden einen deutlichen Unterschied zwischen beidem erkennen. Ohne es zu wollen, haben Sie sich in Betonung und Modulation dem Autor, in dessen Werk Sie sich vertieft hatten, angenähert. Manchmal ist die Ähnlichkeit so auffällig, dass es fast komisch wirkt, obwohl Sie keine Parodie schreiben wollten, sondern sich vielleicht sogar richtig Mühe gegeben hatten, so eigenständig wie möglich zu schreiben. Nun ja, überlassen wir die Entdeckung und Erklärung dieses Phänomens den Psychologen.

Finden Sie Ihren eigenen Stil

Damit sich alle Teile Ihres Naturells zu einer Schriftstellerpersönlichkeit vereinen können, müssen Sie *Ihren* Stil, *Ihre* Themen und *Ihren* Rhythmus finden. Lesen Sie nun sorgfältig, was Sie bisher geschrieben haben. Sicher findet sich darin ein Thema – für unsere Übungszwecke vorzugsweise ein einfaches –, über das Sie eine Kurzgeschichte, eine längere Anekdote (wie sie im *New Yorker* stehen könnte) oder ein kurzes Essay schreiben können. Bestimmt gibt es auf den Seiten, die Sie morgens geschrieben haben, etwas, das Ihnen wirklich wichtig ist. Nachdem Sie die Grundidee aus ihrem allzu abschweifenden Kontext herausgelöst haben, konzentrieren Sie sich darauf, und schreiben Sie ausführlicher darüber.

Die Embryonalphase

Was soll es denn werden? Bedenken Sie, dass Sie den Text in einem Stück fertig stellen sollen. Was braucht er? Betonung? Figuren, in denen sich Ihre schlaftrunkenen Gedanken manifestieren können? Müssen Sie einige Details sehr plastisch darstellen, damit der Konflikt, egal, worin er besteht, nicht belanglos scheint und möglicherweise überlesen wird? Wenn Sie wissen, was Ihr Thema hergibt und was Sie daraus machen wollen, befassen Sie sich gründlich mit diesen Details.

Die Vorbereitungsphase

Sie sollen wohlgemerkt noch nicht mit dem eigentlichen Schreiben beginnen. Im Moment stecken Sie noch in den Vorbereitungen. Während der nun folgenden ein, zwei Tage werden Sie sich ganz auf die Details konzentrieren, diese bewusst untersuchen und, wenn erforderlich, in Nachschlagewerken die nötigen Informationen dazu suchen. Dann werden Sie darüber tagträumen. Schauen Sie sich die Figuren dabei zunächst einzeln an, und lassen Sie sie dann aufeinander treffen. Scheuen Sie keine Mühe, und tun Sie alles, damit Ihre Geschichte gut wird. Lassen Sie abwechselnd Ihren Verstand und Ihr träumerisches Unbewusstes arbeiten. Es wird Ihnen so vorkommen, als sei die Liste der zu prüfenden Details endlos: Wie sieht die Heldin aus? War sie ein Einzelkind oder das älteste von sieben Geschwistern? Welche Schulbildung hat sie genossen? Arbeitet sie? Dieselben Fragen stellen Sie nun im Zusammenhang mit Ihrem Helden und allen Figuren in der zweiten Reihe, die der Geschichte Leben geben. Nehmen Sie sich dann den Schauplatz vor und alles, was sich im Leben Ihrer Figuren abgespielt hat. Selbst wenn Sie darüber in Ihrer Erzählung nicht direkt schreiben, wird Ihr Wissen um diese Hintergrunddetails die Geschichte wesentlich glaubwürdiger machen. In seinem Werk *Es war die Nachtigall* schreibt Ford Madox Ford zu diesem Punkt:

»Es kommt vor - und zwar recht häufig -, dass ich jede Szene, mitunter sogar jedes Gespräch, das in einem Roman von Bedeutung ist, bis ins letzte Detail durchplane, bevor ich mich tatsächlich ans Schreiben begebe. Aber ehe ich nicht mit der Geschichte jedes Schauplatzes, über den ich schreiben möchte, bis in graue Vorzeiten hinein vertraut bin, kann ich nicht mit der Arbeit beginnen. Auch muss ich die Formen von Fenstern mit eigenen Augen gesehen haben, wissen, wie sich die Türknäufe tatsächlich anfühlen, Küchen, Kleiderstoffe und Schuhleder begutachten, genau herausfinden, wie Felder gedüngt werden und Busfahrscheine aussehen. Es ist gut möglich, dass diese Dinge in meinem Roman nie zur Sprache kommen werden. Aber wie könnte ich jemanden - zu meiner eigenen Zufriedenheit – durch eine Tür gehen lassen, wenn ich nicht weiß, um welche Sorte Türknauf sich seine Finger legen?«

Haben Sie alle Vorarbeiten abgeschlossen, sagen Sie sich: »Am Mittwoch um zehn Uhr beginne ich mit dem Schreiben.« Vergessen Sie das Ganze bis dahin. Ab und zu steigt es trotzdem an die Oberfläche. Gewaltsam verdrängen müssen Sie es dann nicht, aber schieben Sie es beiseite, denn noch sind Sie nicht soweit. Die Geschichte soll ruhig noch etwas schlummern. Drei Tage Pause schaden ihr nicht – im Gegenteil. Aber am Mittwoch müssen Sie sich pünktlich um zehn Uhr hinsetzen und schreiben!

Haben Sie Vertrauen – Sie machen das schon!

Legen Sie los! Genau wie bei den Übungen in Kapitel 6: Weg mit den faulen Ausreden und dem Lampenfieber, und ran an die Arbeit! Fällt Ihnen nicht gleich ein guter Einleitungssatz ein, lassen Sie einfach ein paar Zeilen frei, und fügen Sie ihn später ein. Schreiben Sie, so schnell Sie können. Kümmern Sie sich so wenig wie möglich um das, was dabei in Ihnen abläuft. Halten Sie sich nicht damit auf, das Geschriebene zu lesen, außer vielleicht hier und da einen oder zwei Sätze, um sich zu vergewissern, dass Sie auf dem richtigen Weg sind.

So können Sie sich eine professionelle Arbeitsweise antrainieren. Ihren Arbeitsplatz dürfen Sie jetzt nicht dazu nutzen, über Dinge zu grübeln, die Sie vorher geklärt haben sollten. Möglicherweise ist es Ihnen eine große Hilfe, bereits eine Einleitung und einen Schlusssatz zu haben. Dann können Sie den ersten als Sprungbrett benutzen, von dem aus Sie sich in die Arbeit stürzen, und den letzten als Floß, auf das Sie zuschwimmen.

Das fertige Übungsstück

Am Ende dieser Übung müssen Sie ein fertiges Manuskript in den Händen halten, egal, wie lange Sie daran herumfeilen. Später werden Sie lernen, an Texten zu arbeiten, die zu lang sind, als dass Sie sie an einem Stück fertig stellen könnten. Das geht dann am besten, wenn Sie mit sich selbst einen Folgetermin ausmachen und vom Schreibtisch aufstehen, bevor Ihr Arbeitseifer völlig verflogen ist. Sie werden feststellen, dass Sie so beim nächsten Mal wieder an die gleiche Stimmung anknüpfen können, und später kein Bruch im Text bemerkbar sein wird. Aber die Geschichte, um die es in der jetzigen Übung geht, muss unbedingt noch am selben Tag fertig werden.

Ob Ihnen das Manuskript beim späteren Durchlesen gefällt oder nicht, oder ob Sie glauben, dass Sie das Ganze in einem zweiten Anlauf besser machen könnten, spielt keine Rolle. Die Übung ist erst dann erfolgreich abgeschlossen, wenn Sie am Ende der Sitzung eine fertige Geschichte vor sich liegen haben.

Sich innerlich distanzieren

Legen sie das Manuskript zur Seite, und rühren Sie es zwei oder drei Tage nicht an, wenn Ihre Neugier das zulässt. Schlafen Sie zumindest eine Nacht darüber, denn vorher ist Ihre Meinung dazu nichts wert. Nach dem Schreiben befinden Sie sich nämlich in einem von zwei Zuständen, in denen Sie kaum ein ernstzunehmendes Urteil fällen können: Entweder gehören Sie zu den fünfzig Prozent, die völlig ausgelaugt sind. Dann wird sich die Erschöpfung wie eine Wolke auf jede Zeile legen, und Sie werden zu dem Schluss kommen, gerade die langweiligste, unglaubwürdigste und banalste Geschichte Ihres Lebens zu lesen. Selbst wenn Sie am Tag darauf einen zweiten Blick auf Ihre Arbeit werfen, werden Sie sich an Ihr ursprüngliches Urteil erinnern und nicht so recht wissen, was Sie nun eigentlich davon halten sollen. Lehnt der erste Verlag Ihr Manuskript ab, fühlen Sie sich sofort bestätigt, dass Ihre Story so schlecht wie befürchtet ist, und wahrscheinlich versuchen Sie es dann gar nicht mehr woanders.

Oder Sie gehören zu den anderen fünfzig Prozent, die immer das Gefühl haben, irgend etwas fehle noch. Beim Lesen überwältigt Sie noch immer derselbe Impuls, der Sie anfangs dazu gebracht hatte, überhaupt zu schreiben. Wenn die Arbeit zu wortreich oder zu knapp formuliert ist, wird derselbe blinde Fleck, der diesen Fehler verursacht hat, Sie nun auch daran hindern, ihn zu erkennen.

Sie sind nach dem Schreiben einfach nicht in der Lage, Ihr Manuskript objektiv zu lesen. Es gibt sogar Schriftsteller, die sich nicht zutrauen, objektiv an ihre eigene Arbeit heranzugehen zu können, bevor nicht mindestens ein Monat vergangen ist. Legen Sie das Manuskript also einfach zur Seite, und beschäftigen Sie sich mit etwas anderem. Gönnen Sie sich zum Beispiel das gute Buch, auf das Sie die ganze Zeit verzichtet haben. Denn Ihre Geschichte ist nun fertig. Sie trägt die Spuren Ihrer Persönlichkeit, und nicht einmal die größte Bewunderung für das Werk eines anderen Schriftstellers kann sie mehr gefährden. Ist es Ihnen im Moment zu mühsam zu lesen, tun Sie etwas anderes, das Sie entspannt und nichts mit Schreiben zu tun hat. Gelingt es Ihnen, sofort Abstand zu bekommen, umso besser. Manche Schriftsteller stürzen sich am liebsten gleich in ein neues Projekt. Wenn Sie diesen Drang auch verspüren, dann geben Sie ihm um Gottes Willen nach. Aber wenn Sie das Gefühl haben, nie wieder etwas mit Papier und Schreiben zu tun haben zu wollen, dann gönnen Sie sich ruhig eine Pause.

Das kritische Lektorat

Wenn Sie sich erholt und genügend von Ihrem Text gelöst haben, lesen Sie ihn wieder durch.

Wahrscheinlich entdecken Sie vieles, von dem Sie gar nicht mehr wissen, dass Sie es hingeschrieben hatten. Irgendetwas hat beim Schreiben Ihre Hand geführt. Szenen, die Sie für ungeheuer wichtig hielten, verblassen nun hinter solchen, die Sie eigentlich gar nicht einflechten wollten. Die Figuren haben plötzlich Eigenschaften, die Ihnen kaum bewusst waren, und sagen lauter überraschende Dinge. Der eine oder andere Satz, den Sie eigentlich für nebensächlich gehalten hatten, wirkt nun auf geschickte Weise hervorgehoben, und Sie stellen fest, dass das auch erforderlich ist, damit der Leser die Geschichte richtig versteht. Kurz, Sie haben sowohl mehr als auch weniger geschrieben als geplant. Beim Erzählen war Ihr bewusstes Selbst viel weniger, Ihr Unbewusstes jedoch wesentlich mehr beteiligt, als Sie gedacht hatten.

∼ Fünfzehn ∼

Die große Entdeckung

Nach gerade einmal einer Handvoll Übungen sind Sie fast ein richtiger Schriftsteller. Bevor wir fortfahren, erinnern wir uns noch einmal daran, dass der Schriftsteller - wie jeder andere Künstler auch - eine »gespaltene« Persönlichkeit ist. Das Unbewusste kann frei in ihm zirkulieren und sein Intellekt weist ihm die Richtung, kritisiert ihn und entscheidet dort, wo sich Alternativen auftun. So hält es der sensibleren Seite seiner Persönlichkeit den Rücken frei, damit sie sich ganz ihrer eigentlichen Aufgabe widmen kann. Der Schriftsteller hat gelernt, seinen Verstand während des Schreibens als Wächter und später als Revisor einzusetzen, der das Geschriebene einer intellektuellen Prüfung unterzieht. Indem er täglich bewusst seine Umwelt beobachtet, erweitert er ständig seinen Fundus an Bildern, Sinneswahrnehmungen und Ideen. Im Idealfall leben und arbeiten die beiden Hälften seiner Persönlichkeit in Harmonie miteinander. Zumindest aber kann er jede der beiden Seiten nach Belieben dominieren lassen oder in den Hintergrund drängen. Jede Hälfte muss lernen, der anderen zuzutrauen, ihre Arbeit gut zu erledigen, und außerdem die volle Verantwortung für ihre eigenen Aufgaben zu übernehmen. Der Schriftsteller weist also beide Seiten seiner Persönlichkeit an, sich ausschließlich auf ihr eigenes Ressort zu beschränken. Er verbietet es seinem Bewusstsein, sich in die Angelegenheiten seines Unbewussten einzumischen, und umgekehrt.

Befassen wir uns nun ausführlicher mit dem Beitrag, den das Unbewusste leistet. Dazu können Sie Ihr fertiges Manuskript als Musterexemplar benutzen. Haben Sie sich an die Vorgaben gehalten und so viele Einzelheiten wie möglich bereits vorher ausgearbeitet, haben Sie Ihre Geschichte eingehend in Gedanken und Tagträumen gedreht und gewendet, und haben Sie zu dem mit sich selbst vereinbarten Zeitpunkt mit dem Schreiben begonnen, dann wird das Ergebnis sowohl formell als auch inhaltlich wesentlich besser sein, als Sie vielleicht befürchten. Die Geschichte wird ausgewogener und geschickter erzählt sein, als Sie es sich in ihren kühnsten Träumen vorgestellt haben. Die Figuren werden so wirken, als seien sie von einem geschulten Blick voll erfasst worden, und das mit wesentlich sparsameren Mitteln, als Ihr Bewusstsein dazu benötigt hätte. Kurz, hier war eine Instanz zugange, der wir uns bisher kaum gewidmet haben. Man könnte sie die »höhere Imagination« nennen, Ihr ganz persönliches Maß an Genialität, den schöpferischen Teil Ihres Geistes, der sich fast ausschließlich in Ihrem Unbewussten befindet.

Die Wurzel des Genialen

Was wir »genial« nennen, entstammt also nicht dem bewussten, sondern dem unbewussten Teil unseres Geistes. Ein künstlerisches Meisterwerk entsteht niemals durch willentliches Abwägen, Ausbalancieren, Zusammenstreichen oder Erweitern. Es nimmt abseits des bewussten Verstandes Gestalt an. Das Bewusste kann vieles, aber es kann Ihnen weder Genialität verleihen, noch Talent, das eng mit der Genialität verwandt ist.

Unbewusst, nicht unterbewusst

Noch sind wir unsicher, wenn wir über das Unbewusste schreiben oder sprechen, denn der Geist ist noch nicht vollkommen erforscht. Hinzu kommt, dass Freud in seinen ersten psychoanalytischen Schriften noch vom »Unterbewusstsein« gesprochen hat. Freud hat diesen irreführenden Begriff dann in seinem Gesamtwerk durch den des Unbewussten ersetzt. Bei den meisten von uns ist jedoch dieses unglücklich gewählte »Unter« hängen geblieben, das ein wenig abwertend klingt, und deshalb hat das Unbewusste für uns immer noch diesen leicht minderwertigen Beigeschmack, als spiele es lediglich eine Statistenrolle. F. W. H. Myers ist in seinem ansonsten ausgezeichneten Kapitel über die Genialität in seinem Werk *Human Personality* in dieselbe Falle gestolpert und hat wiederholt vom »Auftauchen unterbewusster Inhalte« gesprochen. Nun, das Unbewusste ist dem Bewussten weder räumlich noch in seiner Bedeutung untergeordnet. In ihm befindet sich alles, was uns nicht vollkommen bewusst ist. Es enthält in seiner Gesamtheit alles, was nicht im Vordergrund unseres Bewusstseins ist und reicht so weit über unseren durchschnittlichen Intellekt hinaus wie auch in die Tiefen darunter.

Die höhere Imagination

Vertrauen Sie Ihrem Unbewussten. Es hilft Ihnen, indem es Fähigkeiten beisteuert, die auf einem »höheren« Niveau angesiedelt sind, als jene, die wir normalerweise nutzen. Jede Kunst muss sich sowohl dieser »höheren« Inhalte als auch der »niederen« Emotionen bedienen. Ein begabter Mensch versteht beide Ressourcen zu nutzen. Er lebt in Friede und Freundschaft mit den vielen Aspekten seiner Persönlichkeit. Wer alles unterdrückt, was sich in den entfernten Regionen seines Selbst rührt, lässt eine Quelle der Lebenskraft in sich austrocknen.

Freunden Sie sich mit Ihrem Unbewussten an

Das Unbewusste darf man sich nicht als Rumpelkammer vorstellen, in der nebulöse Hirngespinste herumfliegen. Im Gegenteil: Es gibt Grund zur Annahme, dass es unseren Sinn für Formen beherbergt. Viel schneller als der Intellekt erkennt es Typen und Muster und wofür sie sich verwenden lassen. Natürlich dürfen Sie sich von seinen vielseitigen Anregungen nicht überwältigen lassen. Was es Ihnen anbietet, müssen Sie filtern und in geordnete Bahnen lenken. Aber wollen Sie wirklich gut schreiben, müssen Sie sich mit dieser mächtigen und starken Seite Ihres Wesens anfreunden, die hinter Ihrem vordergründigen Wissen liegt.

Ist Ihnen das erst einmal gelungen, wird Ihnen die Arbeit wesentlich leichter von der Hand gehen, als Sie es anfangs für möglich gehalten hatten. Es gibt unglaublich viel technisches Wissen und effektsteigernde Kniffe, die man sich rein verstandesmäßig aneignen kann. Dennoch ist es am Ende das Unbewusste, das über Form und Inhalt Ihrer geplanten Arbeit entscheidet. Wenn Sie sich seine Fähigkeiten zunutze machen, statt ihm ständig ins Handwerk zu pfuschen, indem Sie ihm Sachen aufzwingen, die Sie nach eingehender Konsultation technischer Ratgeber für sinnvoll, wünschenswert oder überzeugend halten, dann wird es Sie mit einem viel besseren und glaubwürdigeren Endergebnis belohnen.

Das künstlerische Koma und die Zauberformel

Wahre Genies wissen wahrscheinlich ihr ganzes Leben lang nicht, wie ihr Geist Geniales produziert. Sie wissen nur, dass es Zeiten gibt, zu denen sie um jeden Preis allein sein müssen, um vor sich hin zu träumen oder einfach nur müßig herumzusitzen. Oft glauben sie, ihr Kopf sei leer. Mitunter hört man von begnadeten Menschen, die am Rande der Verzweiflung sind, weil sie das Gefühl haben, ein ödes Tal zu durchwandern. Aber an dessen Ende erfasst sie stets ein übermächtiger Schreibdrang. Diese Phase der Abwesenheit nennen einige Beobachter das »künstlerische Koma«. Der Mangel an Aktivität ist nur *vordergründig*. Tief im Inneren braut sich sprachlos etwas zusammen, aber es dringt erst nach außen, wenn es vollendet ist. Ihr Verlangen allein zu sein, ziellos umherzuschweifen und zu schweigen ist wohl der Hauptgrund, warum genialen Menschen immer wieder vorgeworfen wird, sie seien exzentrisch und abweisend.

Akzeptiert der Künstler diese Phasen als Teil seines Wesens und lässt sie zu, empfindet er sie nicht mehr als störende Einschnitte. Sie kündigen sich durch den Wunsch nach Rückzug und eine gewisse Gleichgültigkeit an, aber der Prozess lässt sich etwas beschleunigen und steuern. Die Fähigkeit, die »höhere Imagination« (also die künstlerische Ebene des Unbewussten) willentlich zu aktivieren, ist das, was sich hinter der »Zauberformel« oder dem »Berufsgeheimnis« des Künstlers verbirgt.

~ Sechzehn ~

Das Geniale

Die Persönlichkeit eines Schriftstellers besteht also nicht nur aus zwei, sondern aus drei Teilen. Beim Dritten im Bunde handelt es sich um die individuelle Genialität.

Das plötzlich auftretende Gefühl, die Dinge durchschaut zu haben, starke Intuitionen, eine Phantasie, die die alltäglichen Erfahrungen einer »im Geiste gesehenen übergeordneten Wirklichkeit« zuordnet – das ist der Stoff, aus dem Kunst gemacht ist. In bescheidenerem Maße sind diese Dinge auch für jede sonstige Interpretation der Umwelt erforderlich. Sie entstammen einer noch unzureichend erforschten Region unserer Psyche, und wir haben nie gelernt, seine Inhalte zu steuern. Die Psyche in Bewusstes und Unbewusstes aufzuteilen, reicht oft aus, um sich menschliches Handeln zu erklären. Und selbst wenn man nicht über dieses vereinfachte Wissen verfügt, kann man sich im Leben wunderbar zurechtfinden – sogar als Künstler. Aber möchten Sie dem Schriftsteller in sich einen wirklich großen Dienst erweisen, dann erkennen Sie an, wie wichtig der dritte Teil Ihres Wesens für Ihre Arbeit ist, und räumen Sie alle Hindernisse aus Weg, damit er frei und ungehemmt in Ihr Werk einfließen kann.

Nun verstehen Sie vielleicht, wo die entmutigende Behauptung »Genie kann man nicht vermitteln« ihre Wurzeln hat. Natürlich stimmt sie in gewissem Sinne, aber sie ist irreführend. Man kann das Geniale in sich nicht vermehren, indem man es mit Wissen anreichert. Muss man aber auch nicht. Wenn nötig, können Sie bequem Ihr ganzes Leben lang aus dem, was vorhanden ist, schöpfen. Wir müssen also nicht lernen, das, was wir haben, zu *vermehren*, sondern wir müssen lernen, es zu *nutzen*. Die großen Künstler aller Epochen und Länder – die so großartig waren, dass wir sie mit dem einen Begriff »Genie« bezeichnen – waren Menschen, die diese dritte Instanz besser für ihr Leben und ihr Werk nutzen konnten, als der Rest der Bevölkerung. Es gibt weder Menschen, bei denen diese geniale Instanz gar nicht vorhanden ist, noch solche, die sie jemals voll ausschöpfen könnten, selbst wenn ihr Leben ewig währen würde.

Die geheimnisvolle Instanz

Die meisten Menschen fürchten diese Seite in sich. Sie misstrauen ihr oder ignorieren sie, wenn sie sie überhaupt wahrnehmen. Dabei machen wir alle hin und wieder ihre Bekanntschaft, zum Beispiel wenn wir uns sehr freuen oder wenn wir in Gefahr sind. Manchmal schimmert sie auch durch, wenn unser Körper bei Krankheit längere Zeit ruhig gestellt ist, oder wenn wir aus tiefem Schlaf oder einer Narkose erwachen. In den Biographien musikalischer Wunderkinder wie Mozart zeigt sie sich besonders deutlich. So geheimnisvoll und schwer greifbar dieses Geniale in uns auch sein mag, es ist sicher da.

Genialität hat also nichts mit einer »unendlichen Bereitschaft, sich zu bemühen« zu tun, und auch der Spruch »Inspiration gleich Transpiration« ist purer Unsinn.

Was allerdings mit viel Schweiß und Mühe verbunden ist, ist

das Umsetzen, denn schließlich will man sein intuitives Wissen ja auch vermitteln. Mitunter dauert es Jahre, bis man die richtigen Worte gefunden hat, um das, was einem in einem lichten Moment plötzlich klargeworden ist, sprachlich zum Ausdruck zu bringen. Aber deshalb Anstrengung mit Genie zu verwechseln, wäre falsch. Wer einmal Zugang zu dieser Geisteskraft gefunden hat, sei es durch Training oder einen glücklichen Zufall, weiß, dass es nichts mit großer Mühe zu tun hat, sondern uns auf wundersame Weise in seinem schöpferischen Strom mitreißt.

Wie man das Geniale in sich entfesselt

Tatsächlich wird das Geniale oft zufällig und unbemerkt befreit. Manche Künstler bedienen sich seiner Energien beim Schreiben oder Malen, ohne sich dessen bewusst zu sein. Möglicherweise gehören diese Künstler sogar zu denjenigen, die vehement abstreiten, dass es so etwas wie Genialität überhaupt gibt. Sie erzählen einem, man müsse einfach nur »in die Gänge kommen«. Was sie persönlich jedoch dazu treibt, »in die Gänge zu kommen«, finden sie vielleicht nie heraus, selbst wenn Sie in diesem glücklichen Zustand Seiten voller Klarheit und Schönheit schreiben.

Andere wiederum berichten von Sackgassen, in die sie hineingeraten, nachdem sie über einer Idee so lange gebrütet haben, bis ihr Kopf fast zerspringt. Sie verstehen dann kaum noch, was sie an ihrer Geschichte ursprünglich interessant fanden, und wollen gar nicht mehr darüber nachdenken. Viel später und völlig unerwartet kehrt sie dann zu ihrer Verwunderung in klarer, vollendeter Form wieder, und sie können sie aufschreiben.

Die meisten erfolgreichen Schriftsteller finden zufällig Zugang zu ihrer genialen Instanz. Der Weg dahin ist ihnen selbst so rätselhaft, dass sie ihn einem Anfänger kaum beschreiben können. Berichten sie über ihre Arbeitsweise, so erzählt jeder etwas anderes. Kein Wunder, wenn Jungautoren glauben, die etablierten Schriftsteller steckten alle unter einer Decke und wollten den Nachwuchs absichtlich in die Irre führen, um ihn vom heiligen Gral fern zu halten.

Rhythmus, Monotonie und Stille

Aber eine solche Konspiration gibt es nicht. Bittet man Schriftsteller um Ratschläge, erzählen sie einem alles, was sie wissen. Aber je mehr sie intuitiv arbeiten, um so weniger sind sie in der Lage, ihre Arbeitsmethoden zu analysieren. Nach langen Interviews und gründlichem Durchforsten ihrer Berichte erhält man daher auch keine generelle Gebrauchsanweisung, sondern höchstens ein paar Aussagen über ganz persönliche Erfahrungen. Der einzige erkennbare rote Faden ist, dass die Grundidee zu einer Geschichte normalerweise plötzlich auftaucht. Zu diesem Zeitpunkt sind viele Figuren, Szenen und das Ende der Geschichte schon vage oder vielleicht sogar sehr deutlich bewusst. Danach folgt eine Phase intensiven Nachdenkens, in der die Idee eingehend geprüft wird. Manche Autoren sind dann völlig besessen von dem, was sich da in ihrem Kopf abspielt.

Später kommt dann die bereits beschriebene Ruhephase, das »künstlerische Koma«. Und da jeder Schriftsteller sich in dieser Zeit mit etwas anderem beschäftigt, fällt einem auf den ersten Blick gar nicht auf, dass all die Tätigkeiten einen gemeinsamen Nenner haben. Reiten, Angeln, Stricken, Kartenmischen, Spazieren gehen, Schnitzen - all das sind rhythmische oder monotone und stille Tätigkeiten. Und darin liegt der Schlüssel zu dem Geheimnis.

Mit anderen Worten versetzt sich jeder Schriftsteller auf die eine oder andere Weise in einen leichten Hypnosezustand. Man ist dabei zwar geistig anwesend, aber eben nur anwesend. Der Intellekt ist dabei nicht *gefordert*. Unter der ruhigen Oberfläche vollzieht sich jedoch – vom Schriftsteller meist unbemerkt, wenn es ihm nicht durch gezielte Selbstbetrachtung irgendwann klargeworden ist – ein Fusionsprozess, an dessen Ende das zusammenhängende Werk steht.

Böden schrubben

Das ist der Schlüssel zur »Zauberformel«. Jetzt liegt es an Ihnen, sich eine passende Beschäftigung zu suchen. Vielleicht gibt es ja etwas, was Sie ohnehin regelmäßig tun, und das Sie nun auf diese Zeiten verschieben können. Leider haben es die meisten zufällig entdeckten Zeitfüller an sich, völlig sinnlos zu sein, aber hat man sie erst einmal entdeckt, wachsen sie einem schnell ans Herz.

Viele Schriftsteller sind regelrecht abergläubisch, was ihre eigene Methode angeht: Eine meiner Schülerinnen, eine Professorengattin, die schrieb, wenn ihre große Familie ihr die Zeit dazu ließ, behauptete eines Tages: »Wenn ich einen Fußboden hätte, den ich schrubben könnte, wäre alles viel einfacher.« Sie hatte zu Hause entdeckt, dass ihre Geschichten sich immer beim monotonen, rhythmischen Putzen formierten, und war jetzt, da sie wegen eines Stipendiums vorübergehend in der Stadt wohnte, felsenfest davon überzeugt, ihre Schreibblockade rührte daher, dass sie hier keinen Fußboden mehr hatte, den sie mit dem Schrubber traktieren konnte. Das ist natürlich ein extremes Beispiel. Aber viele berühmte Autoren sind genauso abergläubisch wie diese Hausfrau, auch wenn sie das vielleicht nicht so offen zugeben würden. Und die meisten haben Rituale, die mindestens ebenso willkürlich und sinnlos sind wie das Schrubben eines sauberen Bodens.

Damit kommen wir zum nächsten Teil der versprochenen Zauberformel: Die »Inkubationszeit« lässt sich nämlich verkürzen, und zwar so, dass man dabei auch noch bessere Ergebnisse erzielt.

~ *Siebzehn* ~

Das große Geheimnis

Tun wir der Bequemlichkeit halber so, als sei die geniale Instanz, über die wir alle verfügen, bereits isoliert, analysiert und erforscht worden. Dabei hätte man herausgefunden, dass sie zum Geist in einem ähnlichen Verhältnis steht, wie der Geist zum Körper.

Um richtig nachdenken zu können, müssen Sie Ihren Körper zur Ruhe bringen (oder allenfalls mit einer Routineaufgabe beschäftigen). Und damit Ihre geniale Instanz richtig funktionieren kann, müssen sie Ihren Geist abschalten.

Genau das tun Schriftsteller, wenn sie sich stillen, monotonen Tätigkeiten hingeben. Körper und Geist geraten dabei in eine Art Warteschleife, und die geniale Instanz kann ungestört arbeiten. Aber was dabei herauskommt, ist mitnichten immer zufriedenstellend. Außerdem dauert das »künstlerische Koma« bei den meisten Autoren viel länger, als die geniale Instanz eigentlich für ihre Arbeit benötigt. Wenn Sie als Anfänger noch kein Ritual für sich entdeckt haben, dann können Sie nun eine viel schnellere und bessere Methode erlernen.

Wie man den Geist zur Ruhe bringt

Um es kurz zu sagen: Lernen Sie Ihre Gedanken anzuhalten, so wie Sie Ihren Körper stillhalten können.

Manchen fällt das so leicht, dass sie gar nicht verstehen können, was andere daran schwierig finden. Sollten Sie zu diesen Glücklichen zählen, dann lassen Sie die folgenden Übungen aus, Sie brauchen sie nicht. Alle anderen schließen bitte an dieser Stelle das Buch und ihre Augen und versuchen, ihre Gedanken für ein paar Sekunden anzuhalten.

Haben Sie es geschafft, wenn auch nur für den Bruchteil eines Augenblicks? Wenn Sie es zum ersten Mal versucht haben, dann werden Sie jetzt vielleicht überrascht und fassungslos darüber sein, wie rastlos Ihr Geist Haken zu schlagen scheint. »Er schnellt hin und her wie ein Wasserkäfer«, rief einer meiner Schüler. Aber das gibt sich mit der Zeit zumindest soweit, dass es Ihre geniale Instanz nicht allzu sehr bei der Arbeit stört.

Lernen, sich zu kontrollieren

Am besten üben Sie das Abschalten, indem Sie die Übung an den folgenden Tagen mehrmals wiederholen. Schließen Sie einfach die Augen, und versuchen Sie, Ihre Gedanken zur Ruhe kommen zu lassen – ganz ohne inneren Zwang. Gelingt Ihnen das, können Sie die Übung nach und nach verlängern. Aber bleiben Sie dabei entspannt.

Sollte Ihnen die Übung schwer fallen, dann versuchen Sie folgendes: Halten Sie sich ein einfaches Objekt, zum Beispiel einen grauen Gummiball, vor Augen. (Es ist besser, nichts Buntes oder anderweitig Auffälliges für diese Übung zu verwenden.) Konzentrieren Sie sich nun voll und ganz auf dieses Objekt, und rufen Sie Ihre Gedanken sofort zurück, wenn sie abdriften. Wenn es Ihnen gelingt, sich ein paar Augenblicke lang gedanklich ausschließlich mit dem Objekt zu befassen, schließen Sie Ihre Augen, und betrachten Sie in Gedanken den Ball weiter. Denken Sie an nichts anderes. Lassen Sie dieses innere Bild nun langsam verblassen.

Sollte Ihnen auch das nicht gelingen, gibt es noch eine dritte Methode: Lassen Sie Ihren Geist einfach zappeln, soviel er will, und beobachten Sie ihn genüsslich dabei. Das macht ihn augenblicklich ruhiger. Erzwingen Sie nichts, denn selbst wenn die Gedanken dabei nicht ganz zur Ruhe kommen, sind sie für Ihre Zwecke still genug.

Das Thema der Erzählung wird zum Objekt der Betrachtung

Haben Sie diese Übungen erfolgreich abgeschlossen, können Sie nun, statt des grauen Balls, eine Idee zu einer Erzählung oder eine literarische Figur betrachten. Ideen, die Sie bisher mehr akademisch untersucht hatten, nehmen auf einmal konkrete Farben und Formen an, was sie wesentlich überzeugender macht. Figuren, die zuvor ein Marionettendasein geführt hatten, atmen und bewegen sich plötzlich. Bewusst oder unbewusst bedient sich jeder erfolgreiche Schriftsteller dieser Methode, wenn er seine Charaktere zum Leben erwachen lässt. Und sie lässt sich verfeinern, wie Sie gleich sehen werden.

Wie man die Zauberformel anwendet

Da es sich hier lediglich um Übungen handelt (obwohl sich aus den Übungen durchaus mehr entwickeln kann, als Sie erwarten), reicht es, wenn Sie sich eine beliebige Idee für eine Erzählung aussuchen. Wenn Sie keine eigene Romanidee dafür verwenden wollen, können Sie statt dessen folgendes tun: Ersetzen Sie eine bekannte Romanfigur durch jemanden, den Sie persönlich kennen. Welchen Lauf würde Thackerays *Jahrmarkt der Eitelkeit* nehmen, wenn Ihre Schwester an die Stelle von Becky Sharp träte? Was würde passieren, wenn Gulliver eine Frau wäre? Es spielt keine Rolle, ob Ihre Vorstellungen vage, hölzern oder unausgegoren sind. Im Gegenteil: Je dürftiger sie Ihnen erscheinen, desto deutlicher können Sie am Ende erkennen, wie wirksam die Methode ist, die Sie gerade erlernen.

Skizzieren Sie die Handlung grob in Gedanken. Entscheiden Sie, welche der Figuren Hauptrollen, und welche Nebenrollen übernehmen sollen. Stellen Sie sich eine schwierige Situation vor, der Sie diese Figuren aussetzen wollen, und welchen Ausgang das Ganze nehmen soll. Machen Sie sich keinerlei Gedanken darüber, wie die Figuren in ein Dilemma hineingeraten oder ihm entkommen, sondern sehen Sie sie nur *in* der Situation. Schauen Sie dann einfach dabei zu, wie sie sich auf das von Ihnen vorgegebene Ende zubewegen.

Wenn Sie noch einmal an das Experiment mit dem Kreis und dem Pendel zurückdenken, dann erinnern Sie sich vielleicht, dass es auch dort allein die Vorstellung vom gewünschten Ergebnis war, die die physische Bewegung erzeugt hat. Gehen Sie mit innerer Gelassenheit an die Geschichte heran, berichtigen Sie alles, was offensichtlich abstrus ist, und finden Sie heraus, über welche Details Sie gerne schreiben würden, wenn diese sich ganz natürlich in den Ablauf einflechten ließen.

Tragen Sie Ihre Idee nun ein wenig an der frischen Luft spazieren, und zwar solange, bis Sie etwas müde werden. Schätzen Sie vorher ein, wie lange das ungefähr dauern wird, damit Sie nicht zu spät umkehren und dann noch einen langen Heimweg vor sich haben. Gehen Sie leicht und beschwingt – anfangs etwas langsamer, später dann etwas schneller – und nicht mit sportlichem Ehrgeiz. Lassen Sie sich während des Spaziergangs

Ihre Geschichte durch den Kopf gehen. Konzentrieren Sie sich voll und ganz auf sie. Denken Sie nicht darüber nach, wie Sie die Geschichte am besten schreiben, oder welcher Mittel Sie sich bedienen könnten, um diese oder jene Wirkung zu erzielen. Lassen Sie sich auch nicht von Dingen, die Sie unterwegs sehen, ablenken. Stellen Sie sich auf dem Nachhauseweg den Ausgang der Geschichte vor, und schlagen dann in Gedanken das »Buch« zu, so als hätten Sie es gerade zu Ende gelesen.

Wie man sich absichtlich ins künstlerische Koma versetzt

Nehmen Sie ein Bad, denken dabei nur noch flüchtig an Ihre Geschichte, und begeben Sie sich danach in einen dämmrigen Raum. Legen Sie sich flach auf den Rücken. Werden Sie davon allzu schläfrig, dann setzen Sie sich in einen bequemen - aber nicht zu bequemen! - Sessel. Bleiben Sie still sitzen. Bringen Sie erst Ihren Körper und dann Ihren Geist zur Ruhe. Verharren Sie in diesem Dämmerzustand zwischen Wachsein und Schlaf. Nach einer Weile - vielleicht schon nach zwanzig Minuten, vielleicht auch erst nach einer oder zwei Stunden - verspüren Sie das unwiderstehliche Verlangen aufzustehen. Geben Sie diesem sofort nach. Wie ein Schlafwandler den Mond, sehen Sie nun ihre Geschichte hell erleuchtet vor sich. Alles andere ist Ihnen egal. Wandeln Sie zu Ihrem Schreibtisch, und legen Sie los. In dem Zustand, in dem Sie sich nun befinden, schaffen Künstler ihre Werke.

Als Künstler arbeiten

Wie gut das Werk am Ende sein wird, hängt hauptsächlich von Ihrer Sensibilität, Ihrem Sinn für Feinheiten und Ihrem Rhythmusgefühl ab. Außerdem kommt es darauf an, ob Ihre persönlichen Erfahrungen von vielen Lesern geteilt werden, und wie gut Sie sich vorbereitet haben. Aber egal, in welchen persönlichen Grenzen Sie sich beim Schreiben auch immer bewegen, wenn Sie die Übungen in diesem Buch beherzigt haben, werden Sie in der Lage sein, aus vielen Einzelheiten eine runde, zusammenhängende Erzählung zu formen. Sicherlich werden hier und dort noch kleine Mängel auftauchen, aber die können Sie beseitigen, wenn Sie Ihren Text später mit Abstand lesen. Die Übungen haben Sie in die Lage versetzt, Ihre Genialität in Ihre Arbeit einfließen zu lassen. Sie wissen nun, wie es ist, als Künstler zu arbeiten.

∽

Zum Schluss noch ein paar hilfreiche Tipps

(Aktualisiert von Gerhild Tieger)

Tippen

Lernen Sie, schnell zu tippen. Dann kommt es nicht zum Wettlauf von Gedanken und Hand, und es gehen Ihnen keine Ideen verloren. Sie können nach wie vor Rohskizzen mit Block und Stift erstellen. Leidet Ihre Arbeit, wenn Sie vom Schreibblock zur Tastatur wechseln? Auf dem PC verfasste Werke bleiben manchmal in der Qualität weit hinter den hand- oder maschinegeschriebenen zurück. Schreiben Sie zwei in ihrer Grundidee sehr verwandte Geschichten, eine davon mit der Hand oder Maschine und die andere mit dem PC, vergleichen Sie das Ergebnis.

Der Profi besitzt einen Computer und ein Notebook für unterwegs. Achten Sie darauf, dass sie kompatibel sind. So können Sie jederzeit nach Belieben in einem anderen Zimmer oder auf Reisen schreiben.

Wenn Sie herausgefunden haben, dass Sie Vorarbeiten, Schreibskizzen zuerst einmal mit der Hand ausführen, suchen Sie sich eine gutsortierte Schreibwarenabteilung. Bleistifte gibt es in verschiedenen Härtegraden und Tönen. Probieren Sie, wie sie in der Hand liegen und über das Papier gleiten bis Sie den richtigen Stift für sich gefunden haben. Die meisten Schriftsteller bevorzugen HB, weil er weich ist und nicht verschmiert und man beim Schreiben nicht zu fest aufdrücken muss. Mit Roller-Pens fließen die Worte wie von selbst heraus. Viele Schriftsteller haben sich angewöhnt, Korrekturen bei der Überarbeitung in einer anderen Farbe auszuführen.

Probieren Sie Blöcke, Ringbücher, Kladden oder Notizbücher in Taschenformat für verschiedene Gelegenheiten.

Kaufen Sie keine aufwändigen, teuren Ordner mit edlem schweren Papiersorten für den Ausdruck Ihrer endgültigen Fassung. Das Paket an den Verlag wird davon nur in falschem Sinn gewichtig. Einfaches 80 g-Papier genügt.

Jetzt wird geschrieben!

Machen Sie es sich zur Gewohnheit, sofort loszulegen, sobald Sie am Schreibtisch sitzen. Ertappen Sie sich beim Träumen und Bleistiftnagen, dann stehen Sie auf, und gehen Sie in den entlegensten Winkel des Zimmers. Bleiben Sie dort, bis Sie startklar sind. Kehren Sie erst wieder an Ihren Schreibtisch zurück, wenn Sie den ersten Satz im Kopf fertig formuliert haben.

Wenn Sie sich hartnäckig weigern, sich *am Schreibtisch* in Tagträumen zu verlieren, werden Sie bald belohnt: Sie werden feststellen, dass der Schreibfluss schnell in Gang kommt.

Sollten Sie für eine Arbeit mehr Zeit als Ihre geplante Arbeitssitzung benötigen, ist es wichtig, dass Sie *noch bevor* Sie Ihren Arbeitsplatz verlassen, einen Folgetermin mit sich selbst vereinbaren. Sie werden merken, dass die Verabredung dieselbe Wirkung hat, wie eine posthypnotische Suggestion, und zwar in mehrerer Hinsicht. Erstens werden Sie pünktlich weiterarbeiten, und zweitens werden Sie sich leicht wieder in Rhythmus und Ausdruck hineinfinden, so dass das fertige Manuskript am Ende stilistisch nicht wie eine Patchworkdecke wirkt.

Kaffee oder Mate?

Trinken Sie während der Arbeit gern literweise Kaffee, versuchen Sie, wenigstens die Hälfte durch Mate zu ersetzen. Mate ist ein südamerikanisches Getränk, das ähnlich wie Tee schmeckt, aber anregend und unschädlich ist. Man kann Mate in jedem größeren Laden kaufen, und er lässt sich einfach zubereiten.

Lesen

Ist das Werk, an dem Sie gerade arbeiten, so umfangreich, dass es Ihnen schwer fallen würde, nichts anderes zu lesen, bis Ihr Text fertig ist, dann lesen Sie wenigstens keine Bücher, die mit Ihrer eigenen Arbeit zu tun haben. Am besten sind fremdsprachige Bücher.

Bücher und Zeitschriften

Besorgen Sie sich ein gutes Handbuch über den Buchmarkt mit Agentur- und Verlagsadressen. Informieren Sie sich über Branchentrends, lesen Sie Fachbücher für Autoren. Kurzum: Handeln Sie informiert wie ein Profi.

~

Bitte besuchen Sie uns: www.Autorenhaus.de

LAJOS EGRI
Literarisches Schreiben

Starke Charaktere, Originelle Ideen, Überzeugende Handlung

Ins Deutsche übersetzt von Kirsten Richers
208 Seiten · Deutsche Erstausgabe 2002
ISBN 3-932908-68-2

Ein vielzitierter Klassiker, den man nicht mehr aus der Hand legt. Zahlreiche Textbeispiele zeigen, wie man dreidimensionale Figuren schafft und sie psychologisch glaubwürdig handeln lässt.

»Egri argumentiert sehr anschaulich, höchst anregend und mit viel Witz und Ironie [...] breit empfohlen.« (*Infodienst für Bibliotheken*)

LAJOS EGRI
Dramatisches Schreiben

Theater – Film – Roman

Ins Deutsche übersetzt von Kerstin Winter
344 Seiten · Deutsche Erstausgabe 2003
ISBN 3-932909-58-5

Lajos Egri, Gründer der Egri School of Writing in New York, Autor von Prosa- und Theaterstücken, schrieb das als Standardwerk anerkannte Buch *Dramatisches Schreiben*; es wurde in 18 Sprachen übersetzt. Egris Bücher gehören an vielen Universitäten in aller Welt zum Lehrstoff.

»Das eine Buch, auf dem alle anderen basieren.« (*M. W. Knowles*)
»Das Standardwerk« (*James Frey*)

News für Autoren · Kurse · Ausschreibungen · Tipps

Bitte besuchen Sie uns: www.Autorenhaus.de

GUSTAV FREYTAG

Die Technik des Dramas

300 Seiten
ISBN 3-932909-57-7
Bearbeitete Neuausgabe
2003

Gustav Freytag entwickelte auf der Basis seiner bis heute gültigen Analysen die Grundsätze für den dramatischen Aufbau von Stoffen. Die Fünf-Akte-Struktur, der Bau der Szenen und die Entwicklung der Charaktere werden ausführlich und an vielen Beispielen dargestellt. Die Regeln, Hinweise und Empfehlungen für Autoren machen diesen Klassiker zum wertvollen und nützlichen Begleiter.

Ein wichtiges Grundlagenwerk für die Handbibliothek von Theater-, Hörspiel- und Drehbuchautoren.

Gustav Freytag, Autor von *Soll und Haben, Die Ahnen* und zahlreichen anderen Werken, schuf mit diesem erstmals 1863 veröffentlichten Werk die Grundlagen für Spannung, Charakterbildung und den dramatischen Aufbau beim Schreiben von Theaterstücken.

News für Autoren · Kurse · Ausschreibungen · Tipps

Bitte besuchen Sie uns: **www.Autorenhaus.de**

NATALIE GOLDBERG

Schreiben in Cafés

Ins Deutsche übersetzt von
Kerstin Winter
200 Seiten
ISBN 3-932909-65-8
Deutsche Neuausgabe
2003

»Wenn Sie schreiben wollen, tun Sie es. Wenn das eine Buch nicht veröffentlicht wird, schreiben Sie das nächste. Jedes wird ein wenig besser werden, weil Sie immer mehr Übung und Erfahrung gewinnen.«
(*Natalie Goldberg*)

Der Creative Writing-Bestseller!

Mehr als 1 Million Exemplare der Originalausgabe. In neun Sprachen übersetzt – jetzt als neue Übertragung ins Deutsche.

»**Ein ganz wunderbares Buch über das Schreiben**, das hoch motiviert, immer den Stift in der Hand zu halten und zu schreiben, egal ob man Laie, Autodidakt oder professioneller Schriftsteller ist.«
(*Radio Berlin Brandenburg*)

News für Autoren · Kurse · Ausschreibungen · Tipps

Bitte besuchen Sie uns: www.Autorenhaus.de

RAY BRADBURY

Zen in der Kunst des Schreibens

Ideen finden durch Assoziation · Arbeiten wie im Fieber · Das kreative Denken befreien

Ins Deutsche übersetzt von Kerstin Winter
176 Seiten
ISBN 3-932909-70-4
Deutsche Erstausgabe 2003

Ray Bradbury, einer der großen Schriftsteller des zwanzigsten Jahrhunderts (*Fahrenheit 451, Die Mars-Chroniken, Der illustrierte Mann*), verrät in diesem begeisternden praxisbezogenen Buch die Erfolgstechniken für das Schreiben von Kurzgeschichten, Romanen, Stücken und Drehbüchern.

»Eine anregende Lektüre, die dazu auffordert, sich nicht nach dem zu richten, was marktgängig, trendy und konform ist, sondern das persönliche Schreiben, den eigenen Stil zu entwickeln.« (*Literaturkritik*)

»**Sehr interessante Tipps ... Für Autoren, die phantastische Literatur, Science Fiction oder Drehbücher schreiben wollen, eine gute Inspirationsquelle.**« (*Buchkultur*)

News für Autoren · Kurse · Ausschreibungen · Tipps

Bitte besuchen Sie uns: www.Autorenhaus.de

ELIZABETH BENEDICT
Erotik schreiben

Mit anregenden Beispielen aus der modernen Literatur

Ins Deutsche übersetzt von Kerstin Winter
240 Seiten
ISBN 3-932909-67-4
Deutsche Erstausgabe
2002

Erotische Szenen und Dialoge schreiben
Elizabeth Benedict zeigt an vielen Beispielen aus der modernen Literatur, wie glaubwürdige erotische Szenen gelingen und durch Charaktere, Handlungen und Stimmungen überzeugen. Zitate unter anderem aus den Werken bekannter Autoren wie John Updike, Roddy Doyle, Toni Morrison illustrieren die einzelnen Themen und Anleitungen.

Erotik schreiben erschien als zweite überarbeitete und erweiterte Auflage 2002 in New York und gleichzeitig als deutsche Erstausgabe.

»Es zu tun ist eine Sache, darüber zu schreiben eine andere.« (*DER SPIEGEL*)

»Das Buch, das zeigt, wie's geht.« (*Unicum*)

News für Autoren · Kurse · Ausschreibungen · Tipps

Bitte besuchen Sie uns: www.Autorenhaus.de

Deutsches Jahrbuch für Autoren & Autorinnen 2003/2004

»Mehr als ein Adressenfundus ... ein notwendiger Ratgeber mit hohem Gebrauchswert.« (*Buchkultur*)

»Der ultimative Ratgeber« *(Kultur!News)*

Unser Verlagsprogramm

Deutsches Jahrbuch für Autoren, Autorinnen

Literaturpreise und Autorenförderung

Handbuch für Erst-Autoren, 3. Aufl.

Vom Schreiben leben: Schriftsteller

Recht für Autoren, 2. Aufl.

Mini-Verlag, 5. Aufl.

H.-D. Radke
Word für Autoren und Selbstverleger, 2. Aufl.

H. Hübsch
Little Mags – Literaturzeitschriften

B. Schwarz
So verkaufen Sie Ihr Buch!

D. Brande
Schriftsteller werden, 2. Aufl.

W. Zinsser
Schreiben wie ein Schriftsteller. Fach- und Sachbuch

A. Bauer
Liebesromane schreiben

R. Bradbury
Zen in der Kunst des Schreibens

L. Egri
Literarisches Schreiben

E. Benedict
Erotik schreiben

N. Goldberg
Schreiben in Cafés

G. Freytag
Die Technik des Dramas

L. Egri
Dramatisches Schreiben

Ch. Keane
Schritt für Schritt zum erfolgreichen Drehbuch

T. Lazarus
Professionelle Drehbücher schreiben

Script-Markt. Handbuch Film & TV

V. Strubel
Komm zum Film

V. Bronner
Schreiben fürs Fernsehen

Bitte besuchen Sie auch
www.Autorenhaus.de
»Profunde Sachinformation von hohem Gebrauchswert.«
(*Börsenblatt für den Deutschen Buchhandel*)